文史知识文库

WENSHI ZHISHI | WENKU

我们的前人创造了无与伦比的灿烂文化。

春秋战国的诸子哲学、汉魏六朝的丰碑巨制、韩柳欧苏的大块文章、明清之际的人生画卷，无不表现了对社会国家的情怀，对宇宙世界的期待。

千古风流人物的搏斗，相互辉映，激荡交融，造成了光华灿烂的中国，博大久远的中华民族传统。

这套文库力求以历史的高度，把悠久而灿烂的中华文化放到整个人类文明的背景中审视，向您展示五千年文化的各个方面。

西风东渐——衣食住行的近代变迁

苏生文　赵　爽　著

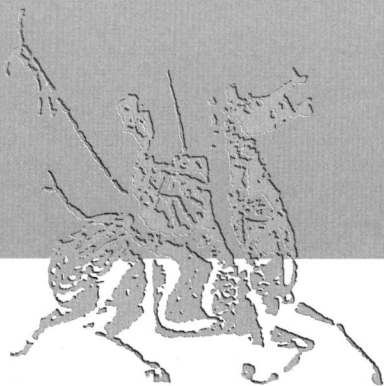

中华书局

写在《文史知识文库》之前

　　这套书本来是以"文史知识丛书"的名义出版的,现在改成"文史知识文库"。"丛书"改成"文库",目的是使这套书容量大一些,把这套书编得更充实、更丰富,不仅容纳《文史知识》已经刊发过的较好的内容,还要容纳《文史知识》未能刊发的好内容。我们的计划是深入浅出地、重点而又系统地介绍中华民族古代文化的丰硕成果。

　　我们的时代日新月异。科学技术革命迅速而又深刻地改变着人类的社会生活。中国人民重振雄风,面向世界、面向未来。在祖国960万平方公里的土地上,正酝酿着新的崛起,新的振兴。

　　在这一巨大变革中,在计算机、人造卫星、宇宙飞船、超导体、遗传工程等纷至沓来的时候,我们仍然会深深感觉到无所不在的、中国传统文化的巨大力量。传统文化的历史积淀是如此的丰厚,以至于我们伴随着每一项现代化工程的伟大胜利,几乎都要想起我们的前人,想起为我们编写了中华民族灿烂篇章的人们。我们的前人创造了无与伦比的灿烂文化。春秋战国的诸子哲学、汉魏六朝的丰碑

巨制、韩柳欧苏的大块文章、明清之际的人生画卷，无不表现了对社会国家的情怀，对宇宙世界的期待。这千古风流人物的搏斗，相互辉映，激荡交融，造成了光华灿烂的中国博大久远的中华民族传统。这是我们的骄傲，也是我们民族凝聚、发展、强盛的力量。

面向世界，面向未来，总离不开我们站立的祖国大地。我们都是伟大祖国的儿女，对这块生我、养我的土地，对我们祖先繁衍发展的土地，怀有深切的挚爱之情。爱她，了解她，同时研究她；在了解她、研究她的过程中渗透着我们对现在和未来的信念。今天，我们站在新的历史高度，以重新崛起的决心，把祖国的传统文化放到整个世界文明的背景之中，我们一定会更准确地找出精华，区分糟粕，在看来杂乱无章、盲目被动的历史表象中，寻找出规律性的东西，为我们今天的创造活动服务，为我们走向世界、走向未来服务。

我们热诚地欢迎广大作者和我们一起编好这套文库，共同去完成时代所赋予的历史使命。

目　录

文史知识文库

序

夏晓虹

　　这本书的两位作者中,赵爽是我的研究生,硕士论文以《"红楼梦模式"在近代的流变》为题,苏生文则出身于专治中国近代史的王晓秋兄门下。没有询问过他们相恋的经过,但依据中国"文史不分家"的传统,总觉得苏、赵二人的结合是相当理想的婚姻形态。从学术层面上说,可以称为"文学与史学的联姻"。我的这个感觉后来证明果然不错。

　　二人的初次联袂出场,是在1998年秋。那时,我和陈平原约集了几个学生一起写作《触摸历史——五四人物与现代中国》,其中比较难处理的反映官方态度的"内外交困"一组文字,便全部分配给他俩负责。更因苏生文有在中国历史博物馆工作之便,为全书搜集照片的工作也自然着落在他身上。该书于五四运动八十周年之际出版后,从内容到形式,均获得广泛好评。只是我对他们至今仍深怀歉意,因为在《触摸历史》内封的撰稿人名单中,刊落了赵爽的

名字,虽然在每篇文章后面保留了作者署名。

不过,很快,两年之后,赵爽便与苏生文合作推出了《中国近代十九个迷案》一书,直接向读书界展示了她毫不逊色的功力。而我读此书的感觉是,和谐的婚姻极大地促进了二人治学与文字风格的接近。轻快流畅的表述,使这本运用了大量史料的书,完全没有史学著作中常见的枯燥沉闷。除了档案、文集、日记、笔记等历史研究中必不可少的资料外,野史甚至小说成分的介入,无疑大大提高了此书的可读性。假如略为分疏的话,以第十五个迷案《赛金花与瓦德西有过风流韵事吗》为例,其中征引的近代小说便有曾朴(东亚病夫)的《孽海花》,张鸿(燕谷老人)的《续孽海花》,抽丝主人的《海上名妓四大金刚奇书》,张春帆(漱六山房)的《九尾龟》,以及钱锡宝(诞叟)的《梼杌萃编》。将如此丰富的文学作品情节随心所欲地编织在历史考证与叙述中,看得出这是赵爽硕士论文积累的持续释放。而全书问题的设置与对最新研究成果的追踪,当然更多出自身在史学圈内的苏生文。

这一回二人的再度联手,以勾勒"西方物质文明与清末民初社会生活的变迁"为主线,更有水乳交融之势。如果不是探得内情,我大概已无法分辨某章由谁执笔。史料与图片的采集丰富与相得益彰,翻开此书,有目共睹,不消多说。我感兴趣的仍然是文学与史学的沟通。在我看来,此乃本书的最大特色。

冠于每章篇首的"导入"即十分有趣。这些带有浓厚文学色彩的作品片段的引录,恰到好处地酿造了笼罩该章叙述的整体氛围,让你可以轻松愉悦地进入规定的历史情境。这在讲述近代服饰变迁的第一章已有清晰体现,开篇那段关于钱太爷大儿子的故事,从阿Q眼中看去,便颇富时代底色:

　　他先前跑上城里去进洋学堂，不知怎么又跑到东洋去了，半年之后他回到家里来，腿也直了，辫子也不见了，他的母亲大哭了十几场，他的老婆跳了三回井。后来，他的母亲到处说，"这辫子是被坏人灌醉了酒剪去的。本来可以做大官，现在只好等留长再说了。"然而阿Q不肯信，偏称他"假洋鬼子"，也叫作"里通外国的人"……阿Q尤其"深恶而痛绝之"的，是他的一条假辫子。辫子而至于假，就是没有了做人的资格；他的老婆不跳第四回井，也不是好女人。

这段为人熟知的鲁迅先生小说名篇《阿Q正传》中的情节，放置此间，不但妙趣横生，平添声色，也由于其与正文阐发的剪辫放足所带来的近代男女装束的变化紧密呼应，从而获得了小说情节之外的延伸意义。

　　而且，这类文学资料的撷取与使用已遍布全书，由此造成的历史叙述的鲜活与具象，甚至足以成为图片的生动补充。单是介绍西餐的传入，纷至沓来的上海洋场竹枝词，李伯元的《文明小史》与《官场现形记》，吴趼人的《新石头记》，其对国人初尝西餐时的好奇与尴尬穷形尽态的展现，便比史家客观的记述更能引人入胜。

　　梁启超在著名的《中国历史研究法》中，曾经讨论过"常人向来不认为史料者，吾侪偏从此间觅出可贵之史料"的方法。小说也在列举的范围内。虽然"作者本明告人以所纪之非事实；然善为史者，偏能于非事实中觅出事实"。梁氏提到的例子，一是《水浒传》的"鲁智深醉打山门"，此"固非事实也，然元明间犯罪之人得一度牒即可以借佛门作逋逃薮，此却为一事实"；一是《儒林外史》的"胡屠户奉承新举人女婿"，亦非事实，"然明清间乡曲之人一登科第便成为社会上特别阶级"，也是事实。结论是：

此类事实,往往在他书中不能得,而于小说中得之。须知作小说者无论骋其冥想至何程度,而一涉笔叙事,总不能脱离其所处之环境,不知不觉,遂将当时社会背景写出一部分以供后世史家之取材。

当时读到此,很为任公先生眼光的敏锐与独到所折服。

因而,此次阅读苏生文与赵爽的新作,对其在小说中发掘史料的努力便十分赞赏。第一章谈论女装的变化时,引用了《孽海花》对女主人公傅彩云(影射赛金花)衣装的一段描绘——"拢上一束蟠云曼鬌髻,系上一条跐地绛缥裙,颈围天鹅绒的领巾,肩披紫貂嵌的外套,头上戴了堆花雪羽帽,脚下踏着雕漆乌皮靴,颤巍巍胸际花球,光滟滟指头钻石"。穿着这样一套西式女装亮相的傅彩云,自然已不好再沿用传统的西施、飞燕来形容,曾朴的赞词以"果然是蔷薇娘肖像,茶花女化身"作结,便相当得体。这段小说文字,配合着对于欧洲女装演变史的追述以及突出女性曲线美的服装照片,其"服饰革命"的意义便凸显出来。联想自己阅读章回小说时,最不耐烦看的就是其中对于人物服饰的描写,基本是一律跳过,也就对苏、赵二人随处留心、尽成史料的以小见大做法深有好感。

这种小说史料的使用,在时间上当然会有严格的限制,同时代是最基本的满足条件。这与为了增加文笔的生动,而对当下历史题材的小说与影视作品加以点评显然有别。兼顾二者,又能区别对待,我想,这应当是此类有趣的历史读物具有亲和力的一大奥秘吧。

绪论：西方物质文明与
晚清民初的中国社会

　　鸦片战争之前,西方的"精奇器物"(如钟表、洋琴、三棱镜、日
晷、玻璃瓶等)和建筑形式就已经输入中国,但一般只是作为皇家

18—19世纪,欧洲钟表大量
输入中国,成为皇室和富贵之家的
豪华陈设品。(国家博物馆藏)

欧洲钟表(国家博物馆藏)

和富贵家庭的摆设(如圆明园的西洋楼,实际上并不怎么发挥居住功能,而只是提供给皇帝享乐的"巨大的玩具"),对中国社会的影响很小。

鸦片战争之后,随着中国的被迫开放以及远洋航运的发达,从遥远的欧洲舶来的体现西方物质文明的声光化电、饮服日用、交通通讯、市政建设、文化娱乐、居住方式乃至生活方式都不同程度地传入中国,对中国社会特别是开放的通商口岸以及附近地区产生了极大的影响。一方面,它打破了传统中国社会单调、封闭、等级森严的局面,丰富和改变了中国人的生活;另一方面,打乱了中国社会发展的固有周期,如错剪到中国历史拷贝上的"蒙太奇",强行将西方已经先行一步的"现代文明"引入中国社会,从而对传统的社会生活造成巨大冲击,引发了城乡冲突、公私冲突、新旧冲突、强弱冲突和华洋冲突,这几类冲突又往往交织在一起,呈现出错综复杂的局面,构成了近代中国复杂的社会景象。

(一) 从视洋物为"奇技淫巧"到"仿洋改制"

在中国被强行开放的初期,人们对西方物质文明基本上采取鄙视的态度,视洋货为"奇技淫巧",视洋人为"夷人",或者在译名前面加上"口"字旁,以示"犬羊之性"。那些思想比较开通的人,则被讥为"鬼子"(如恭亲王奕䜣,被称为"鬼子六")。科甲出身的人如果参与"夷务",马上"为同乡、同列所不齿"(中国史学会编《洋务运动》第2册,上海人民出版社,1961,39页)。向西方学习则是"拜异类为师",一般有地位的中国人都不愿意把子女送到教会学校去读书。看到火车,则"诧所未闻,骇为妖物,举国若狂,几致大变"(辜鸿铭、孟森《清代野史》,巴蜀书社,1998,1264页),认为修铁路是"以万万借贷盘剥膏脂为此嬉戏无用之举"(《光绪六年十二月十八日降调顺天府丞王家璧奏》,中国史学会编《洋务运动》第6册,上海人民出版社、上海书店出版社,2000,150页),开山凿石"恐惊耳骇目,群视为不祥,山川之神不安,即旱潦之灾易召"(《光绪七年正月十六日通政使司刘锡鸿奏折》,中国史学

《广舆胜览》图册中的英吉利人形象
(国家博物馆藏)

会编《洋务运动》第6册,156页),"行之外夷则可,行之中国则不可"(《光绪七年正月初十日翰林院侍读周德润奏》,中国史学会编《洋务运动》第6册,152页)。见到轮船,也害怕得要命,据说"一个显要官员携家带口离开南方(广州),乘了一艘包租的外国轮船。可是船还未开出虎门,他就已经吓得半死了,恳求船长让他在香港上岸。船长当然没有同意。后来,这位官员在上海上了岸,说死说活也不再乘海船北上了"(聂宝璋《中国近代航运史资料》第1辑上,上海人民出版社,1983,463页)。

外国人也以"海外天子"自居,不屑与华人为伍。他们有相对独立的社交圈,甚至连平常吃的食品也都是从外国直接运来的,过着和中国人完全不一样的生活。在租界的洋人社会里甚至形成了这样的"风气":只有讲英语、读《泰晤士报》、打网球、戴英国式的软木

《点石斋画报》中的这一幅画,道出了国人对用电的疑虑。

遮阳帽,穿白鞋黑袜,每天饮威士忌,同时要"蔑视中国人","才算是真正的绅士派头,才是文明人在东方的天职"(尚克强、刘海岩《天津租界社会研究》,天津人民出版社,1996,193页),体现了浓重的殖民地文化色彩。西方人用歧视性的语言描绘中国的艺术,说中国音乐"实在不能算作音乐,也不能当作娱乐"、"仍然保留在未开化的阶段",甚至用"地狱之乐"、"驴子的尖叫"、"汽船的锅炉"、"敲破钟"、"可以比之于一只狗睡了一觉后,刚刚醒来时伸肢张爪时所发出来的声音"等侮辱性的词汇形容中国的音乐(韩国镤《西方人的中国音乐观》,引自陶亚兵《明清间的中西音乐交流》,东方出版社,2001,79—82页)。似乎除了"在吃的方面,我们(西方人)都会毫不犹豫地承认,中国文明远远超过我们西方文明"(明恩溥《中国人的特性》,光明日报出版社,1998,316页)外,在其他方面都与"西方文明"相去甚远。

19世纪七八十年代以后,随着洋务运动的开展、国人走向世界的机会的增多、大众传媒工具的推介以及租界文明的示范,这种情况开始发生了变化。

　　洋务派所经营的枪炮、轮船、铁路、电报、机器织布机等,是西方物质文明中最核心、最能体现工业革命成果的部分。有人把火车和轮船的发明与《独立宣言》、《人权宣言》和《共产党宣言》相提并论,说"正如整个世界感受到斯蒂芬森的机车、富尔顿的汽船和加特林的机枪的影响一样,它也感受到《独立宣言》、《人权宣言》和《共产党宣言》的影响"(斯塔夫里阿诺斯《全球通史》"1500年以后的世界",上海社会科学出版社,1999,325页)。洋务派引进这些先进的生产工具,是为了达到"富国强兵"的目的。由于上有奕䜣等人的支持,下有李鸿章、左宗棠等"中兴之臣"的努力,19世纪七八十年代以后,洋务运动逐渐走向深入,取得了一定的成效,"洋务"渐

晚清洋务派重臣李鸿章　　　　　　　晚清洋务派重臣张之洞

渐从为士人所不齿而变成一个时髦的事情，通晓洋务的人受到重用，一般不懂洋务的人也"钻营奔竞，几以洋务为终南捷径"（王韬《韬园文录外编》，中州古籍出版社，1998，80页），"洋泾浜"英语大行其道，与"洋"有关的人和物在社会上得到越来越广泛的认同。

洋务运动的另一大成果是让更多的国人走出国门，直接接触到西方文明（或者从日本那里间接地接触西方文明——因为日本自明治维新之后以"脱亚入欧"为自己的既定目标，在很多方面引进或模仿西方的文明模式）。

从19世纪70年代开始，清政府陆续派出驻外使节、技术专家和留学生出洋，这些出洋的使节（和他们的随员）、技术专家和留学生

首批留美幼童在轮船招商局前合影

的领队(或监督),除少数人如刘锡鸿、吴嘉善外,大部分人本来思想就比较开通,如郭嵩焘、曾纪泽、薛福成、徐建寅、黄遵宪等(容闳就更不用说了),而那些留学的学生又都聪颖年少极具可塑性,此时又亲历了欧风美雨,他们在赞赏西方的政治文明之馀,也对西方的物质文明羡慕不已,在日常生活中或多或少地"沾染"上一些"洋派"的生活习惯,如郭嵩焘在任英国公使期间,用西方的方式举办招待茶会(刘志琴主编《近代中国社会文化变迁录》第1册,浙江人民出版社,1998,483—485页)、曾纪泽在出使期间频频参加舞会(参见曾纪泽《出使英法俄国日记》,岳麓书社,1985)、黄遵宪回国后还保持着用西餐请客的习惯(皮锡瑞《师伏堂日记》,引自刘泱泱《近代湖南社会变迁》,湖南人民出版社,1998,331页)等等。长期担任翻译的陈季同更是经常出入巴黎的沙龙、舞会,生活方式相当欧化,为此还欠下了许多私债(参见李华川《晚清一个外交家的文化历程》,北京大学出版社,2004,37页)。大家所熟知的留美幼童和留欧的海军人才,他们生活中的"西化"成分就更多一些。特别是留美幼童,因在美国期间分散到美国人的家庭中,与美国人同吃同住,在学校里更是与美国同学习同娱乐,西化(美国化)的生活成分还要浓些,他们与在国内的同龄人完全不一样,性格活泼大方,热爱体育活动,而且改穿了西服,有的甚至剪掉了辫子。

上述这批走出国门、直接接触到西方物质文明的中国人多是有身份的人(或者即将变成有身份的人),交游比较广泛,社会关系比较复杂。如郭嵩焘和李鸿章私交极深,李鸿章在作出许多重大决策的之前,多要征求郭嵩焘的意见;湖南维新的主持者巡抚陈宝箴早年与郭嵩焘过从密切,他的维新思想显然受到郭氏的影响(参见汪荣祖《走向世界的挫折》,岳麓书社,2000,311—312页);郭和曾

国藩家族、左宗棠是儿女亲家,和家乡湖南的其他各界名流都有交往,虽然回国之初多遭冷遇,群起攻击者有之,避之惟恐不及的更不在少数。但随着时间的推移,他们对西方文明(包括物质文明)的推介却对中国社会产生了着着实实的影响。湖南虽然地处内地,却在随后的"戊戌变法"中能够处在"开风气之先"的位置上,这无疑与郭嵩焘、曾纪泽等几位见过世面、有头脑的湘籍外交家的影响有关。诚如梁启超所说的,"湖南以守旧闻于天下,然中国首讲西学者,为魏源氏、郭嵩焘氏、曾纪泽氏,皆湖南人。故湖南实维新之区也"(梁启超《戊戌政变记》,《饮冰室合集》专集之一,中华书局,1989,130页)。

大众传媒工具也是中国人了解西方物质文明的一个窗口。创办于1872年的第一份通俗性大报《申报》,在介绍西方物质文明方面可以说是不遗馀力。如果我们翻阅一下旧《申报》,可以看到整版整版的广告,其中的内容多半是推销或介绍稀罕的舶来品,火车轮船、相机唱机、电报电话、洋布洋装、洋铁洋油……等等,可以说无所不包。在《申报》的影响下,其他近代报刊也纷纷出笼,并且逐渐形成了一个信息传播网络,由大城市向周边地区辐射,这对于人们开阔眼界、认识西方物质文明无疑起到了巨大的作用。包天笑在回忆《点石斋画报》(随《申报》附送)对他少儿时期的影响时写道:"我在十二三岁的时候,上海出有一种石印的《点石斋画报》,我最喜欢看了。本来儿童最喜欢看画,而这个画报,即是成人也喜欢看的。……虽然那些画师也没有什么博识,可是在画上可以得着一点常识。因为上海那个地方是开风气之先的,外国的什么新发明,新事物,都是先传到上海。譬如像轮船、火车,内地人当时都没有见过的,有它一编在手,可以领略了。"(包天笑《钏影楼回忆录》上,台北龙文出版社股份有限公司,1990,134页)由此可见,人们对西方物质文明的认识在很大程度上是靠报刊来实现的。

中国人走向世界,世界也走进中国。租界是世界闯进中国的产物,是展示西方物质文明的一个窗口。由于列强已经都是比较发达的资本主义国家,因此在租界或租借地的开发和发展过程中,可以直接引进外国先进的市政技术和模式,进行城市规划、开辟西式马路、铺设自来水管道、安装煤气照明系统、开通电话电报线路、设立消防卫生组织等等。租界城市先进的管理方式,为中国人了解西方文明提供了一个窗口,刺激着仁人志士走向寻求救国富民真理的道路。康有为早年游历上海以后,见"上海之繁盛,益知西人治术之有本,舟车行路,大购西书以归讲求焉"(《康南海自编年谱》,中国史学会主编《戊戌变法》第4册,神州国光社,1953,116页),从此走上了维新之路。一般民众也为租界直接、简单、表面化的"文明"所折服,"莫

从英国曼彻斯特进口的纺织机(国家博物馆藏)

早期电话机(国家博物馆藏)

不啧啧称颂"("论道路工程宜固",《申报》1880年4月25日)。当时流行沪上的竹枝词中多有为租界的"物质文明"大唱赞歌的,如:

> 洋楼更比蜃楼好,谁读坡仙海市诗。(咏洋楼)
> 火轮船走快如风,声响似雷逆浪中。(咏轮船)
> 无数关山一线通,人工巧制夺天工。(咏电报)
> 两地情怀一线通,有声无影妙邮筒。(咏电话)
> 火树千株照水明,终宵如在月中行。(咏街灯)
> (顾炳权《上海洋场竹枝词》,上海书店出版社,1996)

由于租界是"五方杂处"的社会,外国人和中国人在这里共同生活,西方的某些生活方式很自然对华人社会产生影响。如洋装的剪裁风格对当时时装(特别是女装)的影响;中西合璧的里弄式住

脚踏车比赛

西乐迎神

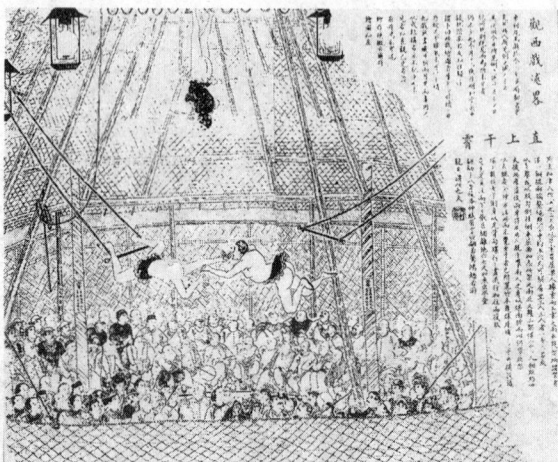

西洋马戏

西洋影戏

西洋杂技

宅开始在上海出现,西式的建筑
材料(如玻璃等)在中式建筑中
得到普遍的运用;赛马、马戏、幻
灯等西式的娱乐方式也吸引了
众多的华人前去观看。饮食可能
是所有物质生活中最不容易改
变的, 但19世纪七八十年代以
后,还是有一部分中国人接受了
糖果、点心、汽水、啤酒等西式食
品。1883年,上海还出现了第一
家由中国人开办的 "番菜馆"
——"一品香",食客主要都是中
国人。随后又出现了"四海吉祥
春两处,万长春与一家春"等十
数家(陈无我《老上海三十年见
闻录》, 上海书店出版社,
1997,367页)。中国人开始初步地
接受了西方的某些生活方式。人
们不再视"洋货"为"奇技淫巧",
而是部分地接受,正如外商在一
份报告中所称的那样,"几乎没
有一个中国人的家庭不用一些
进口洋货,——假若不用棉织品,

美孚石油公司的商标。鸦片战争
后,外国商品在中国大量倾销, 其中
"洋油"的销售量极大,深入到中国的
穷乡僻壤。(国家博物馆藏)

或者欧洲制造的, 迎合中国人嗜好的不胜枚举的某些小东西"(姚
贤镐《中国近代对外贸易史资料》第2册,中华书局,1962,1093页)。

大约也是这个时候，国人对外国人的称谓也发生了变化，"夷人"不再叫"夷人"，改叫"洋人"；"西番"也不叫"西番"了，改称"西洋"；从事涉外事务也不称"夷务"，改称"洋务"了。人们对西方物质文明的认识逐渐从"鄙视"转向了"逐步认可"。当然，这种"认可"还主要局限在中国东南沿海、长江中下游等开放较早、与西方物质文明接触比较密切的区域。这些区域，也就成了19世纪90年代末期发生的以"仿洋改制"为特征的"戊戌变法"的区域基础。

发生在19世纪末的戊戌变法虽然打着"托古改制"的旗号，但实际上是一个向西方学习（或通过日本间接向西方学习）的改革，这从康有为变法奏议中可以看出。在变法期间，康有为向光绪皇帝进呈的《日本明治变政考》和《俄罗斯大彼得变政考》，是希望光绪皇帝仿效明治皇帝或彼得大帝，"以俄国大彼得之心为心法，以日本明治之政为政法"，实行变法（《上清帝第五书》，汤志钧编《康有为政论集》上，中华书局，1981，208页）；进呈的《列国政要比较表》则通过比较各国的经济状况，希望光绪了解世界大局，认清差距，迎头赶上；在进呈的《日本书目志》的按语中也明确表达了对西方民主政治的羡慕向往之情。戊戌变法的中心内容之一是政体改革，拟在中央设立制度局以"总其纲"，下设十二局以"分其事"。设制度局是受西方的君主立

康有为

宪和"三权分立"政体的启发;设法律局,则"采用罗马及英、美、德、法、日本之律";设度支局,是为了学习西方的"理财之政"(《上清帝第六书》,《康有为政论集》上,214—215页);设学校局,是受欧美日普遍实行的学校制度的启示(《请开学校折》,《康有为政论集》上,305—306页);设海军陆军局,是仿效德日改革兵制;设农、工、商、铁路、邮政、矿务诸局,改变"民穷商匮"的局面,这主要是受西方特别是美国富国政策的启发,甚至提出要通过容闳的关系邀请美国人来办铁路矿务(《请统筹全局折》,《康有为政论集》上,228页)。"制度层面"的改革如此,"器物层面"的改革也一样。在《请禁妇女裹足折》中,康有为认为欧美之人身强体壮,是因为母亲不裹足,"传种易强",而国人体质纤弱,是因为母亲裹足,不但自己体弱,而且"传种易弱",祸及子孙,所以要禁裹足,强体质,"与万国竞"(《请禁妇女裹足折》,《康有为政论集》上,335—336页)。在《请断发易服改元折》中,康有为认为国人"辫发长垂,行动摇舞",容易误缠机器,而"今为机器之世,多机器则强,少机器则弱,辫发与机器,不相容也"。西服"衣制严肃,领袖白洁",有尚武之风,而国人"哀衣博带,长裾雅步","犹佩玉鸣琚,以走趋救火",不利于与万国竞争。所以要断发易服,以"一国民之趋向,振国民之精神"(《请断发易服改元折》,《康有为政论集》上,368—369页)。总之,不论是"政治文明"还是"物质文明",康有为都认为应该向西方学习。从某种意义上说,康有为着手进行的变法,实际上是一场"仿洋"的改革。

从康有为提出的改革方案来看,他对西方的政治文明和物质文明都有较多的了解,也有独到的见解。其实他当时并没有去过西方,他的学识也都是此前的二三十年随着社会的逐步开放、西学的逐渐传播而获得的。如果没有这二三十年对西方文明了解的知识

基础和对西方文明"逐渐认可"的社会基础,康有为提出如此系统的改革方案是不可想象的。如果把鸦片战争至戊戌变法这数十年中国社会对西方文明"认可"的程度制成一个曲线表的话,戊戌变法是这条曲线的最高点。

(二) 从"最恶洋货"到"以洋为尚"

"戊戌变法"本来可以使"西风东渐"的步伐大大加快,因为它"终止了对外国人的传统恨恶与闭关自守的政策,鼓吹与列强友善和联盟的政策,而且倡导开放全国"(《"野蛮较佳于维新"》,中国史学会编《戊戌变法》第3册,516页)。可是由于当时中国传统社会的基础还非常牢固,顽固势力还十分的强大,所以很快就失败了,没有发挥应有的作用。昙花一现的"戊戌变法"失败后,维新派被杀或逃亡、同情维新派的实权人物或被罢黜或被调离北方政治中心,中央和北方的实权完全被慈禧、刚毅、载漪、毓贤等一批最保守的顽固势力所控制,在他们的别有用心的煽动和纵容下,积聚在北方百姓心中的对洋人洋物的怨恨被诱发了出来。这些百姓中确实有一部分是因"洋货"的冲击而破产的农民和手工业者,也有一部分平常受传教士或"二毛子"欺负的老实人,他们出来"灭洋"是长期矛盾激化的结果。但也有很多百姓平常并没有接触什么洋人洋物,只是轻信对洋人洋物的谣言,诸如洋人"剜目剐心、采生折割"、"童子割肾,妇女切乳,剜眼取胎,婴孩同煮"(《江西省刊布》,王明伦选编《反洋教书文揭帖选》,齐鲁书社,1984,21页)、铁路破坏风水、照相机摄人魂魄之类 (义和团运动之所以发生在风气相对比较闭塞的北方地区而不是开放比较早的东南沿海地区, 原因也就在这里),

于是一呼百应,原来零零星星的反洋教、破坏洋物的行为发展到大规模的、有组织的"灭洋"运动。

　　义和团除了杀"洋鬼子"、"二毛子"外,还"最恶洋货",不仅"挑铁道,把线砍,旋再毁坏大轮船"(《义和团史料》上,中国社会科学出版社,1982,4页),甚至"洋灯、洋磁杯,见即怒不可遏,必毁而后快。于是闲游市中,见有售洋货者,或紧衣窄袖者,或物仿洋式,或上有洋字,皆毁物杀人"(佚名《天津一月记》,中国史学会编《义和团》第2册,上海人民出版社,1957,146页)。北京前门大栅栏是个繁华的商业区, 因该区内有一个卖西药的店铺, 义和团决定把它烧毁。他们说只要施"法术"就不会殃及周围的店铺,结果"法术"无效,一场大火使大栅栏变成一片灰烬,千余户受害。

　　义和团运动的发生有其深刻的社会生活的背景, 除了有些传教士、"二毛子"的为非作歹引起公愤外,西方物质文明的传入带来的种种社会问题也是不可忽视的原因之一,如舶来品的大量输入、近代交通工具的使用造成一部分农民和手工业者的破产等。但平心而论,制造罪恶的是鸦片、强权和不平等条约,而不是普通的衣食住行用等从西方传入的新鲜事物。不问青红皂白地与"洋"字为仇显然是错误的,至少也是偏激的。义和团"挑铁道,把线砍,旋再毁坏大轮船"的行为,虽然为饱受欺凌的中国人出了一口恶气,但是无助于问题的解决。

　　义和团运动失败后, 慈禧太后逃出京城, 在路途中吃够了苦头。惊魂初定之时, 她的心态发生了微妙的转变:对外国的人和物,由鄙夷而生恐惧,由恐惧而生艳羡,不仅认可并颁布了一系列仿效西方(或者日本)的新政措施,如练新军、废科举、建学堂、派游学、改刑律、奖励工商、筹备立宪等等,而且似乎在一夜之间对原来颇

大清国当今慈禧端佑康颐昭豫庄诚寿恭钦献崇圣母皇太后

慈禧太后

为厌恶的西洋玩意儿也发生了浓厚的兴趣，"只要是新鲜的我都愿意试试"（德龄《清宫二年记》，王树卿、徐彻主编《慈禧与我》，辽沈书社，1994，294页），比如照相、看电影、试洋服、用洋器、安装电灯、试乘火车汽车等等。慈禧太后的这种心理变化其实也折射出当时一般中国民众的心理变化，正如孙中山所指出的，"经过义和团之后，中国人的自信力便完全失去，崇拜外国的心理便一天高过一天"（孙中山《民权主义》）。"西风东渐"的历程，经过世纪之交的短暂倒退后，戏剧性地来了一百八十度的大转弯，继续向前，而且步伐大大加快，一度出现了"大江南北，莫不以洋为尚"（陈作霖《炳烛里谈·洋字先兆》上，十竹斋1963年重印本，10页）的"盲目崇洋"的风气。"开风气之先"的南方自不必论，在接受和仿效西方物质文明方面已经走得更远了，处于北方的天津、北京等大城市此后也风气大变。天津（华界）在袁世凯的主持下，在仿效租界进行市政建设和发展与民生有关的实业方面都取得了显著的成绩。以保守著称的京城的新鲜事物也层出不穷：西餐馆从外城开到了内城，吸引着"红花翎顶日日来"；沉迷于京剧的北京人还拍摄了中国第一部电影——《定军山》，一些茶馆改称"文明茶园"，放映幻灯和电影；一些家庭用上了自来水，安上了电灯和电话；公共阅报栏和"京师万牲园"等文化娱乐场所面向大众开放；铁路穿透了厚厚的外城墙直达前门的两侧；汽车也开始出现在街头，甚至还举办了一次国际性的汽车拉力赛。"东渐"的"西风"使天子脚下的京城平添了一丝新鲜的气息。

辛亥革命继清末"新政"之后，使"西风东渐"进程进一步加快。

辛亥革命推翻了封建制度，根据西方的政治模式建立起了民主共和国，孙中山等民国临时政府的领导人都有长期在西方生活

清帝退位号外(国家博物馆藏)

的经历,他们"西化"的民主意识和生活方式对社会必然产生影响。因此,民国初年,中国社会生活中的西化成分也骤然加大。所谓"共和政体成,专制政体灭;中华民国成,清朝灭;总统成,皇帝灭;新内阁成,旧内阁灭;新官制成,旧官制灭;新教育兴,旧教育灭;枪炮兴,弓矢灭;新礼服兴,翎顶补服灭;剪发兴,辫子灭;盘云髻兴,堕马髻灭;爱国帽兴,瓜皮帽灭;爱华兜兴,女兜灭;天足兴,纤足灭;放足鞋兴,菱鞋灭;阳历兴,阴历灭;鞠躬礼兴,拜跪礼灭;片卡兴,大名刺灭;马路兴,城垣巷栅灭;律师兴,讼师灭;枪毙兴,斩绞灭;舞台名词兴,茶园名词灭;旅馆名词兴,客栈名词灭"("新陈代谢",《时报》1912年3月5日)。这些"兴"的东西也多是从西方传来的。

在服饰上,"民国开幕以来,外货之势力愈涨,国货之行销愈滞。……革命巨子,多由海外归来,草(西)冠革履,呢服羽衣,已成惯常,亦无足异,无如政界中人,互相效法,以为非此不能厕身新人物之列"。"官绅宦室,器必洋式食必西餐无论矣,少(稍)有优裕者亦必备洋服数袭,以示维新。下此衣食维艰之辈,亦多舍自制之草帽,而购外来之草帽"("论维持国货",《大公报》1912年6月1日)。"更有西装新少年,短衣窄袖娇自怜。足踏黄革履,鼻架金丝边。自诩开通世莫敌,爱皮西地口头禅。醉心争购舶来品,金钱浪掷轻利权"("西装叹",《申报》1912年4月22日)。

在饮食上,吃西餐成为赶时髦、充门面、夸耀财富、显示品位的手段,"遇有佳客,尤非大菜花酒,不足以示诚敬"(虎痴"做上海人安得不穷",《申报》1912年8月9日)。政要人物如袁世凯、徐世昌、段祺瑞等也经常邀请中外名流举行西餐宴会,以表明自己的"开通"和"文明"。

在建筑上,国人似乎"忽然找到了'凡是西方的都是好的'的段落……于是'洋式楼房'、'洋式门面'如雨后春笋,酝酿出光、宣以来建筑界的大混乱"(梁思成《建筑设计参考图集序》,《梁思成文集》第2册,中国建筑工业出版社,1984,221页)。

在"西化"的表象下面,是一种不断加深的"崇洋"心态,这种心

20世纪二三十年代的上海外滩(明信片)

态到20世纪二三十年代达到了高峰。过去为士人所不齿的教会学校,这时候早已成为穷人们"望洋兴叹"的"富人的学校"了,那些留学的"海归"就更加吃香,同样的学历,留学归来者很容易就可以谋得高薪的大学教授职位,而在国内高校毕业的只能当一名讲师(许多学者的回忆文章和口碑资料都可以证明这一点)。钱钟书小说《围城》里的主人公方鸿渐在欧洲"游学"了几年,不学无术,但因弄到了美国"克莱登大学"的假博士文凭,被"三闾大学"聘为副教授,算是屈就了,但在副教授中又是等级最高的。钱钟书是过来人,对那一段历史非常清楚。《围城》虽是小说,但里面的人也多有"原型"(某个人或某类人),可作为当时中国社会"崇洋"程度之旁证。《美术生活》杂志有一段弹词颇为传神,摘录如下:

> 她被那,摩登二字心迷醉。式式趋时恐未遑。庙宇无缘僧道拒,不信神佛不烧香。只知道,画眉入时口红擦,再加旁氏白玉霜,淡黄胭脂抹二颊,香粉涂来同鸡蛋光,法国香水周身洒,洒得身躯阵阵香。头发烫成波浪式,革履咕咕响非常,花绒旗袍长且小,短大衣衩把铜钮来镶。男女朋友同出外,福特汽车极堂皇。百乐门里舞来跳,大上海影戏看第三场。影戏看完西餐吃。回到家中天要亮,腰又痛来背又酸。二目昏花不能张,浑身疲倦难支持,立刻更衣卧牙床。宿粉褪去胭脂淡,本来面目乃得彰。看他是,鸡皮鹤发令人呕,嫫母无盐丑难藏。可笑那,如此老太如此样。(《新闻夜报播音园地汇编·摩登老太太》,《美术生活》第11期,1935年2月,16页)

虽然极尽讽刺之能事,不免有点夸张,但的确反映了当时社会的一些现象。

代現

四卷四期

二月號

《现代》杂志封面上的摩登女漫画

(三)"文明排外"与"逆流而上"

西方学者芮玛丽认为,"历史上没有哪一年能像1900年对于中国那样具有分水岭般的决定意义"(芮玛丽《导言》,见柯文《历史三调·序言》,江苏人民出版社,2000,2页)。笔者认为是很有道理的。1900年义和团运动的失败,一方面,固然使中国人丧失了自信心,"崇拜外国的心理便一天高过一天";但另一方面,也引发了国人对这些行为的反思,促进了新民族主义的形成——这种"新民族主义"与"义和团式"的旧民族主义有着很大的不同,不再是盲目地、简单地排斥西方物质文明,而是在承认西方物质文明优越的前提下,试图将利权从洋人手中夺回:不是破坏铁路而是自己修铁路(尽管火车、铁轨是进口的);不是毁坏轮船而是自己经营轮运(尽管轮船也是从外国买来的);不是捣毁机器而是购买外国的机器为我所用;不是简单地排斥"洋货"而是自己学会生产这些"洋货"——也就是采用外来的工艺

上海阜丰机器面粉公司生产的
"老车"牌面粉商标(国家博物馆藏)

和技术、用外国发明的机器生产出拥有自己民族品牌的商品,如荣氏的机制面粉、张謇大生纱厂的机制棉纱、张裕葡萄酒、南洋兄弟烟草公司的香烟、"五洲"肥皂、鸿生火柴、"佛手"味精、华生电扇等等,将"洋货"国产化(注意:"国货"不等于"土货"),套用当时中国知识阶层常用的话说,就是"文明排外"(以别于"盲目排外")。

"文明排外"运动始于20世纪初期兴起的"收回利权运动"和辛亥革命后兴起的"国货运动"。

1903年9月,清政府为了"寓商于农、寓商于工、寓商于路、寓商于矿"(《张振勋商办农、工、路、矿议》,宓汝成《中国近代铁路史资料》第3册,中华书局,1963,923页),设立了一个新的衙门——商部,允许民间创立公司。接着,清政府撤消原来主管铁路的具有国家垄断性质的矿务铁路总局,把铁路事宜并归商部管理,并于1903年12月颁布了《铁路简明章程》,开放铁路修筑权,规定无论是官(地方官)、华商、洋商均可申请集股兴办铁路,经商部批准后,按商部制定的有关公司章程办理,并鼓励华股,限制洋股。在这个大环境下,全国各地掀起了铁路商办的高潮,广东、湖南和湖北三省将原定由美国合兴公司承办的粤汉(广州——武昌)铁路收回自办;江苏、浙江人民则从中英银公司手中收回了苏杭甬铁路的开办权。其他各省也相继成立了铁路公司,在清末数年出现了"无省不有商办筑路计划,无省不有商办铁路公司"(张嘉璈《中国铁道建设》,商务印书馆,1946,10页)的盛况。

继铁路商办高潮兴起后,1905年,上海等地发生了为反对美国虐待华工而开展的抵制美货的斗争;1907年,发生了江浙两省抵制英货的斗争;1908年,发生了山东抵制德货、两广抵制日货的斗争。这些斗争与铁路商办交相辉映,在清末形成了一个 "收回利权运

"五四"时清华学生焚烧日货

货日進不店本

"五四"时期的宣传品——"本店不进日货"

动"的高潮,并最终间接地导致了清政府的下台(导火线是清政府宣布铁路"干路国有"政策),改变了中国近代史的历程。

辛亥革命后,在改易服式浪潮的冲击下,"中华国货维持会"以及一批以提倡国货为宗旨的社会实业团体诞生,标志着中国近代国货运动的开端(潘君祥《近代国货运动研究》,上海社会科学出版社,1998,8页)。在"中华国货维持会"的努力下,1912年10月,参议院正

象征"五四"精神的火炬

式通过了《服制法》,规定礼服礼帽"料用本国纺织品"。在之后的几年时间里,各国货团体积极开展各种倡导国货的活动,并由上海推向全国。1919年的"五四运动"以及1925年的"五卅运动"发生后,民族意识空前高涨,"国货运动"进入了蓬勃发展的阶段。民族工商业者创国货品牌,消费者抵制洋货、争相购买"国货",构成中国近代反帝斗争的一项重要内容。当时的许多国货商品多利用民众的爱国热情,在广告上推销自己的商品,如"不吸香烟,果然最好,要吸香烟,请吸国货'长城牌'";"美人可爱,香烟亦可爱。香烟而为国货则犹可爱";"大国耻,用人民的血来洗;小国耻,用五洲固本皂来洗。若用外国皂洗衣,便是增加小国耻"等等,取得了良好的广告效应。部分国货产品之所以能在与外资的较量中取胜或占有自己的

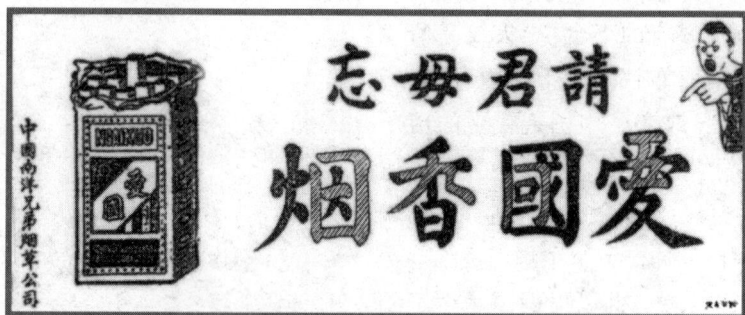

经典国货广告"请君毋忘爱国香烟"

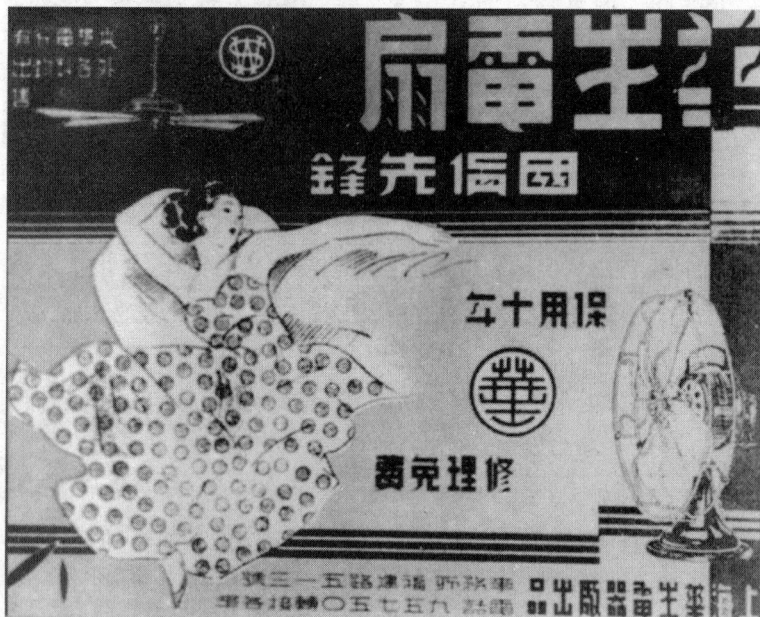

"国货先锋,华生电扇"——华生电扇广告

著名的国货品牌——五洲固本皂广告

一席之地，除了这些企业自身的
努力(如采用先进的大机器生产、
聘请专业技术人才、经营得法)之
外，一个很重要的原因，就是得益
于时不时掀起的反帝爱国运动。
正如"鸿生"火柴的创办者刘鸿生
所说的，"真正使我第一个企业成
功的主要原因，是那时的爱国运
动推动了这个企业的发展，因为
当时每个人都愿意购买国货"
(《刘鸿生企业史料》下，上海人民
出版社，1981，462页)。

在商标上表明"国货"字样，是推
销民族品牌商品常用的手段。这是"绿
菊"牌袜子封口。(国家博物馆藏)

　　在新民族主义运动中,提倡"文明排外"的领导者或积极参与者有不少是有中学根底、又接受西方教育的知识分子。他们有着强烈的民族感情,但又亲身感受过(着)西方物质文明的优越与舒适,因此,对西方物质文明的认识充满着矛盾交织的过程,内心也要比一般有爱国心的普通民众痛苦得多。梁思成就是一个典型的例子。梁出身书香名门,有一定的国学功底,又接受过正规的西方建筑学专业训练,在如何评价中国传统建筑文化这个问题上,同他的父亲梁启超一样,也是"善变"的,"笔端"(设计)也难免常带"感情":在赞美中国建筑的同时,也不讳言中国传统建筑在材料、功能方面的不尽如意,说"如果故意的避免机械和新科学材料的应用,便是作伪,不真实,失却反映时代的艺术的真正价值"(梁思成《建筑设计参考图集序》,《梁思成文集》第2册,中国建筑工业出版社,1984,222页)。一边批评把中国"大屋顶"盖在西式建筑之上不伦不

中山陵

中西合璧的湖南大学科学馆,始建于 1933 年。

类,一边又设计了不少类似的建筑(可能比别人结合得好一点);既批评那种"光秃秃的玻璃方盒子式建筑"(梁思成《中国建筑发展的历史阶段》,张复合主编《近代建筑的研究和保护》第5册,清华大学出版社,2006,672页),又自己设计了类似的"方盒子式建筑"(如30年代设计的北大地质馆、北大女生宿舍楼——真难以想象这类建筑是出于梁思成之手);既盛赞中国建筑"三千年维持一贯系统",又批评"保守有馀,创造不足"。如果再加上一些政治的因素,则又更加复杂了。上世纪二三十年代那一批活跃在中国建筑舞台上留学归来的建筑师或多或少都带有类似的困惑和矛盾。更有甚者,有的华侨"由于在海外遭受帝国主义或洋人的欺凌,因此在建筑房屋

时产生了一种极为奇怪的念头,他们干预设计,将中国式屋顶压在西洋式建筑上进行厌压,以此来舒畅他们保守压抑的心情"(余阳、许焯权《厦门近代建筑之"嘉庚风格"研究》,张复合主编《近代建筑的研究和保护》第4册,清华大学出版社,2004,270页)。

另外,在"文明排外"的过程中,故意与西洋物质文明唱反调、不分青红皂白地肯定中国传统的东西(包括糟粕)的知识分子也大有人在。鲁迅有一段绝妙的话,很能代表这类人的感情:

> 因为多年受着侵略,就和"洋气"为仇,更进一步,则故意和这"洋气"反一调:他们活动,我偏静坐;他们讲科学,我偏扶乩;他们穿短衣,我偏着长衫;他们重卫生,我偏吃苍蝇;他们壮健,我偏生病……这才是保存中国固有文化,这才是爱国,这才不是奴隶性。(鲁迅《从孩子的照相说起》)

"西风东渐"是晚清以来、特别是20世纪以来中西文化交流的主流,但值得注意的是,"逆流而上"否定西方文明、赞赏中国传统文明的西方人也不在少数。如当过溥仪老师的英国人庄士敦,就对中国文化和中国人的生活方式非常痴迷,在他的眼里,"不仅在中国的文化及宗教中,而且在中国的社会结构中竟然存在着如此众多的真正值得钦慕和保存的东西",因此激烈反对那种把西方的"文明"强加给中国的做法(邓向阳《米字旗下的威海卫》,山东画报出版社,2003,36页)。20世纪一二十年代,当中国人追风建造大量不伦不类的"洋式门面"建筑的时候,西方的建筑师墨菲却将中国传统建筑"飞扬的曲面屋顶,配置的秩序,诚实的结构,华丽的色彩以及完美的比例"(屈德印《试析墨菲在中国的典型高校建筑》,张复合主编《近代建筑的研究和保护》第1册,清华大学出版社,

1999,236页)这五大元素运用到自己的设计中。著名的科学史学者李约瑟在对中国传统建筑进行"深刻"的观察后也认为:"中国伟大建筑整体之形式是联合一种与大自然调和之谦德和一种诗意的幽情而成有组织的式样,为任何其他文化所不及。"(李约瑟《中国之科学和文明·土木及水利工程》,台湾商务印书馆,1990,24页)

20世纪20年代来华的英国哲学家罗素的想法就更有意思,他在比较了租界与中国老城区后发表议论道:

> 租界的街道平坦,灯光明亮,房屋都是西式建筑,店铺里陈列着欧美的商品。而在租界旁边往往就是中国人住的地方,那里街道狭窄,店铺布置得喜气洋洋,空气中弥漫着中国特有的气味。穿过一道大门,眼前又冒出一道;在兴致勃勃地领略了老镇的凌乱美之后,欧洲的清洁和赴宴般的端庄毫无美感,给人一种奇怪而又爱恨交加的复杂感受。在租界里感觉安全、宽敞、卫生;而中国人居住的地方别有风情,拥挤不堪,疾病丛生。我虽然爱中国,但这些在同一城市中的景物过渡常常让我意识到自己是欧洲人。对我来说,中国的方式并不意味着幸福。但在对贫困和疾病的原因作了必要的推断之后,我倾向于认为:中国人的生活给中国人的幸福要比英国人的生活带给英国人的幸福多得多。(罗素《中国问题》,学林出版社,1996,57页)

罗素是位思想奇特复杂的哲学家,他在简单地描述西方人治下的租界安全、宽敞和卫生以及华界拥挤不堪、疾病丛生后,笔锋一转,反而认为"欧洲的清洁和赴宴般的端庄"毫无美感,而华界的狭窄凌乱却有一种"凌乱美",最后得出中国人的生活还要比英国人的

生活幸福得多的结论,与当时一般人的想法大异其趣,反映了他对现代文明的一种深刻的思考。

(四) 馀 论

西方物质文明的引进,虽然只不过是中国近代化进程中的一些枝节或侧面,远不比维新、革命、运动那样有深度,但其对社会造成的影响,是绝对不可小视的,"它没有大炮那么可怕,但比大炮更有力量;它不像思想那么感染人心,却比思想更广泛地走到每一个人的生活里去"(陈旭麓《近代中国社会的新陈代谢》,《陈旭麓文集》第1册,华东师范大学出版社,1996,371页)。对一般老百姓来说,维新、革命乃至改朝换代,也许都不会对自己的生活有所影响,但如果在饮食、服饰或者风俗习惯方面只要稍微有点变化,可能就是惊世骇俗的,动辄就会引起轩然大波。鲁迅小说《阿Q正传》里的"假洋鬼子"从东洋回到未庄,因为穿上了洋装,剪去了辫子,结果"他的母亲大哭了十几场,他的老婆跳了三回井",形象地说明了这一点。在那些占据统治地位的官僚士大夫眼里,西方政治上的那一套民主制度,中国早在远古时期的尧、舜、周公时代就"古已有之",未必不可接受。但如果在饮食、服饰或者风俗习惯等方面学习西方,则关系到是"用夷变夏"还是"用夏变夷"的大是大非问题,是万万不能做的。刘锡鸿加在郭嵩焘头上的十大罪状里,就有遮洋伞、披洋服、自学洋文、跟地位低的人握手、与外国人接触时左右错位或站立姿势不对、用西式餐具西式茶点招待客人等鸡毛蒜皮的小事(参见曾永玲《郭嵩焘大传》,辽宁人民出版社,1989,265—267页)。不久后,郭嵩焘果然因此而被撤去驻英公使一职,黯然回到国内。留美学童也是因为类似的罪状("适异忘本"、"沾其恶习")而被召回的。可见小节不小,在封建社会的背景下,"服食器用"这些日常生活的东西不仅仅是用来满足生存的需要的,而且还具有辨夷夏、等贵贱、别尊卑的伦理道德功能。"季路结缨于垂死"(许名奎、吴亮《忍经·劝忍百箴》)、苏武在匈奴十九年不改汉家衣冠、清初江南志士"宁可留发不留头、不可留头不留发"等等我们耳熟能详的事迹也都印证了这一点。据说在戊戌变法的时候,"光绪意欲改变中国辫子风俗的诏令一传出(据康说:这是真的),旗人的不满竟达到顶点。对满人说来,割掉象征旗人征服汉人的辫子,即等于否认旗人在中国的统治"(《窦纳乐致英国外交大臣信》,中国史学会编《戊戌变法》第3册,537页)。看来,"辫子问题"与戊戌变法的失败大有关系,康有为后来就对自己提出剪辫建议颇为后悔(参见黄彰健《戊戌变法史研究》下,上海书店出版社,2007,700页)。

人们经常拿中国的近代化进程与日本的明治维新作比较。我们发现,日本明治维新提出的"殖产兴业"、"富国强兵"和"文明开化"三大口号,前两者与中国近代化的内容几乎完全一样,所不同的是在"文明开化"这一点上。日本"文明开化"的主要内容之一就是鼓励本国国民全方位地学习西方,包括在日常生活中穿西装、吃牛肉、喝牛奶、吃西餐、住洋房、学习西方的娱乐方式和模仿西式的礼仪等,明治天皇和政府要员甚至还带头做示范(参见汪淼《明治政府的文明开化政策》,《史学集刊》1987年第1期)。而中国虽然随着时间的推移,在社会生活中采用西方的生活方式的情况也不鲜见,但作为政府的提倡则始终没有过——中国的近代化过程始终没有跳出"中学为体,西学为用"的框子,实际上,即使是在"用"上,吸收也是很有限的——虽然我们不会由此得出日本近代化之所以

成功而中国的近代化之所以不成功是因为前者实行了"文明开化"而后者没有的结论,但其间微妙的因果关系很耐人寻味。

尽管这样,西方物质文明的传入,对推动中国的近代化进程还是起了重要作用。正如曾经当过北京大学校长的蒋梦麟先生所说的,"很少人能够在整体上发现细微末节的重要性。当我们毫不在意地玩着火柴或者享受煤油灯的时候,谁也想不到是在玩火。这点星星之火终于使全国烈焰烛天。火柴和煤油是火山爆发前的迹象,这个'火山'爆发以后,先是破坏了蒋村以及其他村庄的和平和安宁,最后终于震撼了全中国"(蒋梦麟《西潮·新潮》,岳麓书社,2000,42页)。

一、"素裙革履学欧风"

——中国近代服饰的变迁

导入:

> 阿Q刚刚受了王胡的一顿打,正无所适从地站着,远远的又来了一个他的对头,钱太爷的大儿子。他先前跑上城里去进洋学堂,不知怎么又跑到东洋去了,半年之后他回到家里来,腿也直了,辫子也不见了,他的母亲大哭了十几场,他的老婆跳了三回井。后来,他的母亲到处说,"这辫子是被坏人灌醉了酒剪去的。本来可以做大官,现在只好等留长再说了。"然而阿Q不肯信,偏称他"假洋鬼子",也叫作"里通外国的人"……阿Q尤其"深恶而痛绝之"的,是他的一条假辫子。辫子而至于假,就是没有了做人的资格;他的老婆不跳第四回井,也不是好女人。
>
> ——鲁迅:《阿Q正传》

自古以来,衣冠不仅仅是用来遮衣蔽体、满足生存需要的,而且有辨夷夏、等贵贱、别尊卑的伦理道德功能。严格的服饰制度一向是中国作为"衣冠上国"区别于夷狄的主要标志之一。皇家有皇

家的颜色、图样,品官有品官的等差,士农工商各有分别,不敢越雷池一步。如果一个大臣僭用皇帝特用的明黄色,项上的人头很可能就要落地;地位低微的商人如果僭用士人的衣饰,可能就触犯了当朝刑律。所谓"度爵而制服,量禄而用财。饮食有量,衣服有制,宫室有度,六畜人徒有数,舟车陈器有禁。生则有轩冕、服位、谷禄、田宅之分,死则有棺椁、绞衾、圹垄之度。虽有贤身体,毋其爵不敢服其服;虽有富家多资,毋其禄不敢用其财。天子服文有章,而夫人不敢以燕以飨庙。将军大夫以朝,官吏以命,士止于带缘。散民不敢服杂采,百工商贾不得服长卷貂,刑馀戮民不敢服丝,不敢畜连乘车"(《管子·立政》)。

近代以来,这种衣冠上的等级观念受到了挑战。太平天国的时候,太平军"见朝衣、朝冠、补褂、翎顶之类,以为妖器,人家有此服物,则蹂躏益甚"(潘钟瑞《苏台麋鹿记》,中国史学会编《太平天国》第5册,上海人民出版社、上海书店出版社,2000,279页)。体现了对传统衣冠服制的极度藐视(但他们又建立起了自己的一套等级分明的服饰制度)。戊戌变法的时候,康有为曾把改革服饰当作政治改革的重要因素。虽然维新派改冠易服的主张随着变法的失败而流产,但那时衣冠上的平等观念已经随着西式服饰的传入悄悄地渗透到了社会生活中。在各个通商口岸城市,衣冠华丽、不遵规制者大有人在,暴富起来的商人穿上锦袍,是再平常不过的事,衣饰逐渐从身份的象征变成了财富的象征。新式学堂里生动活泼的学生装成为一道亮丽的风景线,新式军队也一改过去兵勇时代邋遢的形象,呢制军装映衬出军人威武的英姿。民国以后,传统的衣冠之制更是失去了法理的依据,绝大多数男子头上的辫子被剪去了,衣饰上的平等观念更是得到了法律上的确认。与此同时,在社会转型时期难以避免的复杂多变现象也在服饰上表现得淋漓尽致，出现"西装东装汉装满装，应有尽有，庞杂至不可名状"的状态（无妄"闲评"，《大公报》1912年9月8日）。

中国传统服饰的一大特征是中庸含蓄、重平面装饰而不重人体造型。在平面装饰上可能极尽繁缛之能事（等级越高越是这样），而在剪裁上则有意掩盖人体的曲线、克制人的个性情感，女装尤为突出。人们追求衣装的松软、舒适，宽衣博带一般被认为是上等人的标志，而窄衣短袖则被认作下层劳动者的标识（但也未必尽然，见陈茂同《中国历代衣冠服饰制·前言》，百花文艺出版社，2005）。即使是穷困潦倒的孔乙己们，也要穿着破旧的长衫，决不与那些"短衣帮"为伍。晚清以降，西衣东渐，国人不仅在感观上从过去的"惜夷服太觉不类"（《林则徐集·日记》，中华书局，1962，351页），转而赞叹"其服饰仿佛霓裳羽衣，疑是人间所无有"（王韬《瀛壖杂志》，上海古籍出版社，1989，123页），而且西服的贴身挺拔、便于活动的特点也引发了一些人士的注意和称道，有人认为，"西人之遍身结束，举止生硬者，反觉文明"（《论发辫原由》，黄帝子孙之多数人《黄帝魂》，台北，中国国民党中央委员会党史史料编纂委员会，1968年影印本，31页）。

民国以后，服饰的西化趋势更加明显。西装成为礼服之一，中西合璧的中山装开始出现，长袍马褂也吸收了一些西式成分得到了改良。女装则吸收当时西式女装的某些特点，在做工上趋向于量体裁衣，暴露曲线，并且款式趋向于多元化，突出个性，讲求时髦，所谓"烟泡兰鲜纤玉捻，鞋尖花少淡金描，衣裳时样年来瘦，渐仿洋装显细腰"。双足也逐渐被解放了。女学生上袄下裙，素雅简洁，且不施脂粉，不用簪环，时称"文明新装"，在奢靡的风气中宛如一股

清风。随着"五族共和",旗装不再是满人的专利,经过多次改良的旗袍,既借鉴了西装的审美理念,又能够充分显示东方女子的魅力,成为20世纪20年代至40年代最受钟爱的女装。

(一)"辫落欢呼齐拍手"

——剪辫与男帽

剪辫对于清末民初的男子来说是一件大事。当初清军入关,强迫汉人男子剃发留辫,有所谓"留头不留发,留发不留头"之说。今天有句俗话叫"剃头挑子,一头热",话里边的"剃头挑子"据说就和

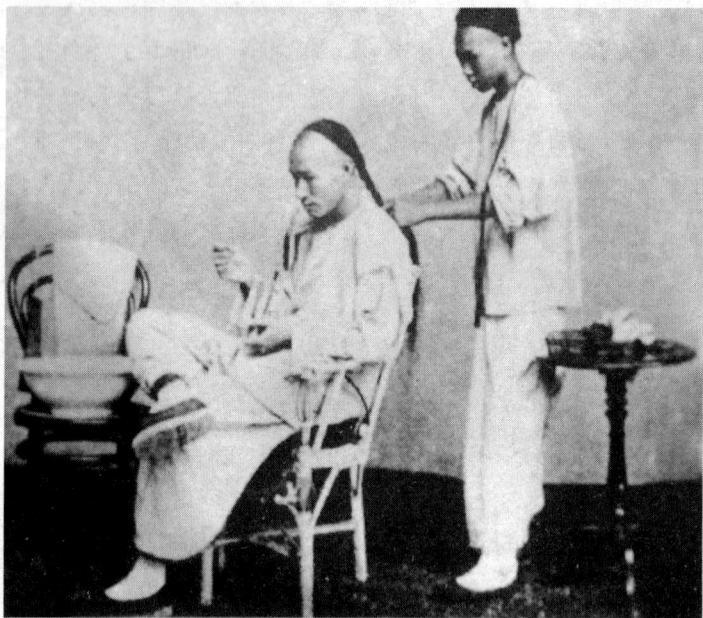

打辫子

这件大事有关。它的结构很独特,分为高低两截:高的一边是一个圆笼,上面放一个盛水的铜盆,圆笼的里边有个炭火盆,用来保持水温,矮的一边则是一个长方形的小凳。在推行剃发令的时候,这高矮两截被漆成醒目的红色,如果有人不服从,这小凳子就成了杀头用的垫木,而圆笼上的旗杆,则是用来挂人头示众的。所以在当时,吆喝"剃头",就等于是高喊"杀头"。剃发令在一片血腥中推行开来,但是历史有时很会开玩笑,在之后的二百多年中,男子剃发留辫不但最终成为了一种约定俗成的规范——凡有超出规范者,就被视为造反,比如太平军就被称为"长毛发匪"。而且,剃得锃亮的前额、油光水滑的发辫,还逐渐成为中国男性美的一种标志,一些纨绔子弟惟恐辫子不长,往往在辫子里"混充着假发和黑色丝线,一直垂到大腿中部"(老尼克《一个番鬼在大清国》,山东画报出版社,2004,35页)。

晚清以后,随着中外往来的频繁,对于早期走出国门的中国人来说,辫子带给他们的尴尬乃至耻辱,刻骨铭心。一个不太突兀的例子是,19世纪70年代,中国赴美幼童刚刚到达大洋彼岸,他们的长袍和辫子使美国人误认他们为女子,"每当幼童外出,后面总会跟着一群人高叫'中国女孩子'!使他们颇为尴尬"(温秉忠《一个留美幼童的回忆》,祁兆熙《游美洲日记·附录》,岳麓书社,1985,271页)。这还是善意的,实际上,自晚清以后,辫子不再被西方人当作"异国情调"而加以一般性的描述,而是被作为"劣等民族"的符号加以嘲弄。1858年,英国的《笨拙》杂志上刊出了一首《为广州写的歌》,并附带一幅漫画,很能代表当时西方流行的对中国的看法。被称为"约翰·查纳曼"(实际上就是英文的CHINAMEN)的这位男主角,除了许多所谓"残酷"、"顽固"的特征,最触目的是那条被夸张

西方漫画中的辫子

的辫子："他们长着小猪眼，拖着大猪尾。"（雷蒙·道森《中国变色龙》，时事出版社、海南出版社，1999，188页）

由于这种切身的耻辱经历，提倡剪辫在清末逐渐形成一种社会呼声。1898年戊戌变法时期，康有为把"断发易服"作为变法的一项内容，上奏给光绪帝。这个奏折里关于"断发"的理由，提出了这么几条：一是断发可以使行动方便，便于操作机器和从事武事，"今物质修明，尤尚机器，辫发长垂，行动摇舞，误缠机器，可以立死，今为机器之世，多机器则强，少机器则弱，辫发与机器，不相容者也。且兵争之世，执戈跨马，辫尤不便，其势不能不去之"。二是适应整个世界的潮流，"欧、美百数十年前，人皆发辫也，至近数十年，机器日新，兵事日精，乃尽剪之，今既举国皆兵，断发之俗，万国同风矣"——康有为此言不虚。18世纪时，长发在脑后结成辫子（当然比中国人的辫子短得多），或者戴上丰富的假发套，还是西方贵族男子的必备装饰之一。不过到了19世纪后半期，男子们已经不再留长发，短短的头发多烫成卷曲状，有时上唇留短的八字须，和形式日益简约、突出宽肩细腰的西装相搭配，男性的精干挺拔分外突出。这种形象和拖着辫子、穿着宽大袍服的中国人形成鲜明的对比,显示出近代西方服饰文化的优势。三是有利于卫生和节省时间,"垂辫既易污衣,而蓄发尤增多垢,衣污则观瞻不美,沐难则卫生非宜,梳刮则费时甚多。"四是可以免去外人的嘲弄,"若在国外,为外人指笑,儿童牵弄,既缘国弱,尤遭戏侮,斥为豚尾,去之无损,留之反劳"(《断发易服改元折》,《康有为政论集》上,中华书局,1981,368页)。

不过,"断发"从少数人的提倡到形成社会潮流,却经历了一个漫长的过程,其原因自然是传统观念在作怪。就以在日本的留学生来说,20世纪初,具有革命思想、毅然剪发的当然不少,不过多数人的胆量没有那样大,成群结队去上野公园看樱花的,一般都是"头顶上盘着大辫子,顶得学生制帽的顶上高高耸起,形成一座富士山。也有解散辫子,盘得平的,除下帽来,油光可鉴,宛如小姑娘的发髻一般,还要将脖子扭几扭。实在标致极了"(鲁迅《藤野先生》)。在国外的胆量尚且如此,归国后安上一条假辫子则是顺理成章的事了。《阿Q正传》中的"假洋鬼子"就非常典型:

> 他先前跑上城里去进洋学堂,不知怎么又跑到东洋去了,半年之后他回到家里来,腿也直了,辫子也不见了,他的母亲大哭了十几场,他的老婆跳了三回井。后来,他的母亲到处说,"这辫子是被坏人灌醉了酒剪去的。本来可以做大官,现在只好等留长再说了。"

虽然又是辟谣又戴伪装,也并没有扭转剪辫者在普通人眼中的形象:"然而阿Q不肯信,偏称他'假洋鬼子',也叫作'里通外国的人'……阿Q尤其'深恶而痛绝之'的,是他的一条假辫子。辫子而至于假,就是没有了做人的资格;他的老婆不跳第四回井,也不是

好女人。"

尽管如此，在清末的最后几年，剪辫实际上已在中国的一些军队、警察和普通民众中悄悄流行。1905年，新军"某营之教练官已将发辫剪去一半缠于头顶以便戴军冠"。"北洋宪兵亦剪去发辫三分之一"（"剪辫易服先声"，《大公报》1905年6月24日）。留辫本是满人降服汉人的标记之一，但到清末的时候，首倡剪辫的反而是那些满洲新贵。1910年秋，摄政王载沣之弟载涛允许京城禁卫军自由剪辫，不加禁阻（"禁卫军尽许薙发"，《大公报》1910年9月11日）。而在上海这样"开风气之先"的通商口岸城市，剪辫更是深入到一般民众中。1911年1月15日，由前刑部侍郎、出使美秘墨古大臣伍廷芳发起，上海各界在张园举行了规模空前的剪辫大会，聚集者在二万人以上，当日剪辫者有千馀人。

剪掉发辫的留日学生

光复之后，曾有人追忆此一盛会作诗云："当年剪发肇胚胎，曾记张园大会开。辫落欢呼齐拍手，居然朕兆应将来。"(朱文炳《海上光复竹枝词》，顾炳权《上海洋场竹枝词》，上海书店出版社，1996，222页)

剪发的真正大范围普及应该归功于辛亥革命。在当时人的心目中，与"皇帝倒了"相提并论的是"辫子割了"。1911年底，上海光复，沪军都督发出"剪去发辫,除此数寸之胡尾,还我大好之头颅"的号令(席涤尘《上海剪辫史话》,施福康主编《上海社会大观》,上海书店出版社,2000,147页)。1912年南京临时政府成立后,颁布了严厉的"剪发令",命令"凡未去辫者,于令到之日,限二十日一律剪除净尽,有不遵者违法论"(《大总统令内务部晓示人民一律剪辫文令》,中国史学会编《辛亥革命》第8册,上海人民出版社、上海书店出版社,2000,25页)。有"无数的汉人,都兴高采烈地剪去这条奴隶标志的辫子。也有迷信的,事先选择吉日,拜祭祖先,然后庄重地剪除,把辫子烧了。更有联合多人同日剪辫,并燃放爆竹,举行公宴来庆祝的"(《辛亥预言与辫子革命》,许金城、许肇基辑《民国野史》,云南人民出版社,2003,17页)。

当然,观望者依然还是很多。阿Q用筷子将辫子盘在头顶上的故事已为大家所熟知,还有一种不清不民的发型更是显得滑稽:

强迫剪辫

民国元年,梅兰芳剪发留念

他的头发不免令人感到滑稽:辫子是剪去了,却还留有四五寸长的残馀;前额呢,还是按照前清遗制,剃光了。这在我们家乡,被称为"鸭屁股",是种贬词,其意接近"封建遗孽"之类。它比我的"马桶盖"更为落后一些:因为我是防患于未然,而他可是未忘旧朝。更何况我此时已全头剃光,成了百分之百的"革命党"呢!(陈白尘《对人世的告别》,三联书店,1997,30页)

实际上,与清初血腥的剃发史相比,民初的剪发史却要温和得多。民国多年以后,留辫者尚不在少数,张勋的"辫子军"并不是个别的例子,辜鸿铭拖着辫子走向北京大学讲台的故事也是人们耳熟能详的。对于辫子,国人的心态是复杂的。陈旭麓先生在《近代中国社会的新陈代谢》一书曾经有过一段关于中国人剪辫子的心理描述:

各种各样的中国人曾在辫子面前表演过各种各样的本相。孙中山割辫子于1895年广州起义失败之后,显示了一个革命先行者同王朝的决裂。黎元洪割辫子于武昌起义的枪口逼迫之下,显示了一个旧官僚在推曳之下的政治转折。袁世凯割辫于就任民国大总统之前夕,显示了一个"名义上是共和主义者,但内心却是专制君主"的人舍鱼而取熊掌的权衡。梁启超有个厨子在买菜途中被人割了辫子,因此而大哭了几天,这是一种生于积习,既说不清又剪不断的恋旧之情。而吃过很多洋面包的辜鸿铭在辛亥革命很久以后还拖着辫子,自诩"残雪犹有傲霜枝",傲然走上北京大学的讲台。这又是一种自觉的遗老意识。(《陈旭麓文集》第1册,华东师范大学出版社,1996,484页)

当然,普通人不会过多地考虑剪发的政治或者文化内涵,剪发之后"打辫工夫尽可抛",对于节省时间来说当然是一件好事,不过接下来就碰到一个最实际的问题——剪发之后应该留什么样的发式,戴什么样的帽子。民初对此并无定规,一时间发式可谓光怪陆离:所谓"人人发样最难齐,或仿东洋或仿西"(朱文炳《海上光复竹枝词》)。

早在20世纪的最初十年,在风气占先的上海,已经有不少人戴上了西式便帽,其中有一种样式颇为别致:"合六瓣为之,软胎,前有帽檐",很受欢迎,不但改穿西装的人喜欢,穿长衫马褂的人不少也戴这么一顶。不过最有趣的是有关帽色的笑话:"华人小帽,向惟以黑缎为之;此帽则灰色者,白色者,蓝者,黄者,五色缤纷,初无定制。前日于剧场中竟见一戴绿色者,甚以为异。或曰:'只要装扮得时髦,便是戴了绿帽,也没甚要紧。'"(吴趼人《滑稽谈·只要装扮得时髦》,《吴趼人全集》第7册,北方文艺出版社,1998,414页)只要时髦,戴绿帽子也无妨,这自然是比较刻薄的,不过洋场人物时髦趋新的形象,却是跃然纸上。

民初剪发之后,帽子初无定规,形状也是各式各样。有复古的明朝儒生巾,还有僧帽、戏台上的员外帽。当然最流行的还是与西装相配的西帽。比如有一款"帽沿兜住怕风吹,夹线教君莫暂离",应该是类似于巴拿马草帽的大沿帽;还有一种纸做的帽子,"柔软尤夸好卷收,原来纸做共知不"。当然,这类从外国直接进口的帽子,价格都非常可观,"各般呢帽价低昂,至少还须两块洋","帽盛通草大而轻,价贵还贪制造精"。为了省钱,也有人用中式材料来仿制:"素缎中行密密纹,俨同西帽两无分","尚有丝绒合建绒,将他制造也同工"。有识之士还注意到许多西帽的原料本是中产,应该

盛锡福帽店广告

自己来制造。比如西式草帽常用的草帽辫,其实有很大一部分产在山东的烟台、青岛等地,"夏日犹行草帽哉,一般向是外洋来。山东草辫原华产,何苦教人稳发财"(朱文炳《海上光复竹枝词》)。

民初一些大城市的报刊,往往是一边提倡剪辫,一边大做推销洋帽的广告。如天津最著名的《大公报》经常登载这类广告:"本号现研究各种洋帽,如礼帽、普通帽、猪帽等以供剪发同胞之购用,不日即将出现。并发售各种剪发器具,华制居多。"(刘志琴主编《近代中国社会文化变迁录》第3册,浙江人民出版社,1998,8页)

(二)"天足跚跚海样妆"

——放足与女鞋

1900年前后,立德夫人曾经拜见过李鸿章,希望他对不缠足运动表示支持,甚至要求他像张之洞一样为她们写一些东西,她得到的是一段耐人寻味的答话:"你想让我叫全国的女人都不裹脚吗?

不，现在我没那么大的权利。全中国的女人能穿同一双鞋吗？不能。……我不善写文章，现在老了，更写不动了。"（阿绮波德·立德《穿蓝色长袍的国度》，时事出版社，1998，308页）李鸿章显然对不缠足运动持保守态度，这话自然是推脱之辞，不过有一点却没有错：全中国的女人不可能同穿一双——或者一种鞋。

缠足的陋习由来已久，大约"肇于唐，入宋而多，及元而盛，若明若清，则尤以缠足为贵"（珂仲可《天足考略补》，《妇女杂志》第2卷第1号，"杂俎"，4页）。与"三寸金莲"相应的，就是花样繁多的弓鞋。旧日深闺中的女性，在两瓣弓鞋上可谓煞费心思，所谓"女伴相携笑话谐，商量颜色绣弓鞋。菱尖簇新如新月，戏踏飞花下玉阶"（孙兆浤《济南竹枝词》，雷梦水等编《中华竹枝词》第4册，北京古籍出版社，1997，2512页）。弓鞋的样式也多标新立异。《清稗类钞》中曾经提到同、光年间流行于上海的一种"画屦"："镂空其底，中作抽屉，杂以尘香，围以雕文，和以兰麝，凌波微步，罗袜皆芳。或有置以金铃者，隔帘未至，清韵先闻。"（徐珂《清稗类钞》第13册，中华书局，1986，6211页）读过冯骥才小说《三寸金莲》的人对其中关于弓鞋的描述大概会有很深的印象，我们在这里随意举出两个例子：

> 供在宋瓷白釉小碟上的一对小小红缎鞋，通素无花，深暗又鲜，陈旧的紫檀木头底子，弯得赛小红浪头……鞋头突出一个古铜小钩，向上卷半个小圆，说不出的清秀古雅精整沉静大方庄重超逸幽闲。

> 花边一层套一层……藤萝鱼鸟博古走兽行云海浪万字回纹，都是有姿有态精整乱。……放在手中，刚和手掌一般大小。又软又轻又俏又柔，弯弯的，好比一对如意紫金钩。

近代以来,在有识之士的强烈呼吁下,缠足这种"折骨伤筋、害人生理"(《康南海自编年谱》,中国史学会编《戊戌变法》第4册,神州国光社,1953,116页)、弱国弱种的恶习逐渐被铲除。但放足之后,穿什么样的鞋,对于闺中女子可以说是第一重要的问题。其实在那些倡导不缠足运动的男性中不乏细心者,如谭嗣同订立的《湖

谭嗣同

南不缠足会嫁娶章程》就规定"不缠足之女,其衣饰仍可用时制,惟着鞋袜,与男装同式"(《湖南不缠足会嫁娶章程十条》,《湘报》报馆编《湘报》第53号,中华书局,2006年影印本,451页)。一些地方的不缠足会也制备了不同于男装的靴鞋样,如《黎里不缠足会缘起》第九条云:"欲知放足之法及靴鞋样者,请至本会所问取。"(夏晓虹《晚清社会与文化》,湖北教育出版社,2001,259页)不过让放足的女性穿上男式的鞋子,只能是权宜之计,她们习惯了用料考究、色彩缤纷、花样纤巧的弓鞋,自然要求新式的鞋子不但要合脚,而且要美观。精明的商家看准了这个潜在的市场,1898年,在不缠足运动高涨的湖南,长沙李复泰鞋铺就在《湘报》第80号起连续刊登广告:定做不缠足云头方式鞋,小字注明:"赐顾者请先交长短宽窄底式,不拘何等杂色,随人所喜。"这种大足鞋还售往外地,汪康年的朋友

天足大鞋

就曾托人代购过(刘志琴主编《近代中国社会文化变迁录》第2册，114页)。

大足鞋的销路好，很能够说明当时放足的妇女为数不少。不过新式的大足鞋子倒容易生产，但是放足之后的脚是不可能在短期内大起来的，这些比弓鞋要大出不少的鞋子应该怎么穿法呢？

1870年前后，王韬在苏格兰押巴颠游历时，偶遇安徽籍的巨人詹长人，见他和妻子金福都穿着英国衣履。王韬感到最有趣的是金福的脚，"余向在阿罗威见金福时，画裙绣裤，双笋翘然。今则俯视其足，亦曳革屦，几如女莹之跽，长八寸矣。余讶其可大可小，变化不测，不觉失笑"(王韬《漫游随录》，岳麓书社，1985，133页)。这也许是比较早的一条有关小脚穿大鞋的记录。金福的脚当然不可能一下子从三四寸长到八寸，其中是应该有填充物的，通常是在鞋头

先缠后放的女足

上塞棉花，有个名目，叫"假趾套"。著名作家苏青，回忆她的五姑母时有一段绝妙的文字，说她平日在装饰上总是力求其新，虽然在脑筋方面却始终不嫌其旧。一双改组派小脚，不时换穿最新式的鞋子。有时穿上高跟鞋，"走起路来划东划西，好比一支两脚圆规"，有时穿上七八岁儿童穿的小篮球鞋，男生们见了她就拍手齐喊："一只篮球鞋，半只烂棉花！"（苏青《小脚金字塔——我的姑母》）

老辈的放足女多穿改良的大足绣鞋，而天足女们对既美观又方便的皮鞋则颇为青睐。有竹枝词赞道："绣鞋端合衬凌波，庇事偏教革履拖，为怕巫山新雨后，累侬湿了袜儿罗。"（刘志琴主编《近代中国社会文化变迁录》第3册，45页）"凤头鸪嘴尽勾销，爱着皮鞋底样翘。羡煞天然双妙足，弯弯两月可怜娇。"（罗四峰《汉口竹枝词》，雷梦水等编《中华竹枝词》第4册，2677页）尤其是人们发现，原来从外国传入的高跟鞋（"西装之履"），会产生和小脚同样的审美效果。

当时就有人这样分析说:"'缠足'两字,是绝对指用脚带缠足而言,若以其他方法使足部不得尽量长大者,就不在可禁止之列。女子的脚固未尝不可与男子一样长大,不过因保存尖小美观与行路娉婷期间,却不能许其十分舒服。况且外国女子也是如此,这是西洋文明文化潮流,断断乎不可以悖逆的。再加以女子的脚,真要放到男子一般大,女鞋店岂不要统统关门?外国原料造成的高跟鞋又何从销售?……所以现在女子仍旧肯牺牲脚部的舒适,保存相当的尖小,真不失为能适大体,值得称赞。"(邹英《荸菲闲谈》,姚灵犀编《采菲录》,上海书店出版社,1998,36页)

的确,高跟鞋既保持了女性特有的娉婷体态,"一步一响摄人

穿高跟鞋的舞女

魂"(《新闻夜报播音园地汇编·白话文明》,《美术生活》第13期,1935年4月,2页),又无害于身体的健康发育,高跟鞋的魅力的确不可阻挡。民国初年,后来当了北大校长的蒋梦麟留学归来,对当时穿高跟鞋的女性曾经作过这么一番评论:

> 当你听到人行道上高跟皮鞋的急骤的笃笃声时,你就知道年轻的一代与她们的母亲已经大不相同了。……也许是穿着新式鞋子的结果,她们的身体发育也比以前健美了。……我想高跟鞋可能是促使天足运动迅速成功的原因,因为女人们看到别人穿起高跟鞋婀娜多姿,自然就不愿意再把她们的女儿的足硬挤到绣花鞋里了。(《西潮·新潮》,岳麓书社,2000,99页)

然而,也有人认为高跟鞋"其头既锐,其底复窄,且后踵又过高。夫头锐,则御之者足趾过于挤逼,致有生胝之弊;底窄,则横迫足部,有碍血脉流通;踵高,则足部重心不能均平,趾部受压过甚",不过是"第二次别派之缠足"(黑士《女子服装的改良》,《妇女杂志》第7卷第9号,1921年9月,46页)。

值得注意的是,尽管晚清民国上上下下反复提倡放足,但缠足这一陋习流毒时间之长,远远地超过了人们的想象。翻开姚灵犀的《采菲录》,可以从中看到许多民国期间各地禁止缠足的公告,时间是1928年到1935年期间,地区则既有内地的河南、山西,也有沿海的天津、山东。1930年王家桢接收威海卫英租地,到四乡走访了一天,发现没有一个男人是不带发辫的,没有一个女人不是裹小脚的(王家桢《收回威海卫英租地亲历记》,上海市政协文史资料委员会等编《列强在中国的租界》,中国文史出版社,1992,445页)。有些更

缠足与天足并存

偏僻的地区,甚至到中华人民共和国成立之后,才彻底根除(王尔昌《民初盂县剪辫放足的实施概况》,郭裕怀主编《山西社会大观》,上海书店出版社,2000,283页;陈高华、徐吉军主编《中国服饰通史》,宁波出版社,2002,552页)。

(三)"时样新装称柳腰,中西合璧市招摇"
——女装的变化

1878年前后,随使英国的年轻外交官张德彝在英王举行的宫廷眷会中看到,贵妇们"皆祖胸露背臂。裙或红或白,或粉红,或葱绿;前覆脚,后曳地六七尺;饰以绣花,或挂鲜花"(张德彝《随使英俄记》,岳麓书社,1986,339页)。

张德彝笔下的这种衣服,应该就是我们今天比较熟悉的西式晚礼服。妇女在正式场合袒露肩臂,虽然是西方上层社会的一种传统礼仪,但是对于清末刚刚走向世界的中国人来说实在是太触目了,让中国的传统淑女穿上这样的衣服,这在当时更是难以想象的。

不过,晚清的大多数人并不能像张德彝那样和西女近距离接触,一般还只局限在"远观"阶段,而且多数是在白天,也就是她们出门做客、购物,或者看赛马的时候,在这样的时间里,她们的服装和晚礼服是有很大差别的,我们可以随便引几句上海洋场的竹枝词:

素练重裙著地飘,轻纱障面避尘嚣。
尽多玉立长身态,都为灵王爱细腰。

(李默庵《申江杂咏》，顾炳权《上海洋场竹枝词》，77页)

马路谁人策马来，欧西女子俊风裁。

雕案侧坐明驮速，十幅湘裙洒不开。

(朱文炳《海上光复竹枝词》)

轻纱障面，长裙垂地，细腰玉立，仿佛霓裳仙子，晚清人对于身着常服的西女，不乏赞美和倾倒之意。不过，由于这些竹枝词的作者多为男性，对于服装的样式、装饰物等等方面的关注未免粗略。如果简单了解一下同一时期的欧洲服装趋势，就会发现，西女之所以会给中国人这种霓裳仙子的印象，是与当时欧洲女装的样式有关。

原来19世纪的后三十年，恰好是西式女装所谓"后面系结的时期"，特点是裙子的重心移向后臀，并且用堆积的大蝴蝶结和褶裥来增加后部的丰满感，上体的造型则是突出胸部的丰满，并勒紧纤腰。从侧面看去，女子的身体呈现出优美而又挺拔的S型曲线——前胸隆起，腹下收进，后腰深陷、臀部高翘，再配合上出客服装收紧的衣领和袖口，以及曳地的裙幅，塑造出的是既窈窕又丰满、既迷人又端庄的西方美女形象（张乃仁、杨蔼琪著译《外国服装艺术史》，人民美术出版社，1992，271—272页），与深藏在阔袖长裙里的中国女性形成鲜明的对比。

富有魅力的西式女装对于喜欢尝新的中国女性来说自然很有诱惑力，曾朴的小说《孽海花》中，傅彩云(影射清末名妓赛金花)在随同第一任丈夫金雯卿(影射洪钧)出使欧洲之时，就曾穿着西装出过风头：

不一会,(彩云)就拢上一束蟠云曼陀髻,系上一条拖地纤缭裙,颈围天鹅绒的领巾,肩披紫貂嵌的外套,头上戴了堆花雪羽帽,脚下踏着雕漆乌皮靴,颤巍巍胸际花球,光滟滟指头钻石,果然是蔷薇娘肖像、茶花女化身了。

据说赛金花不但在服饰上大胆,而且聪明异常,很快学会了外文,所以到处受到西人的关注。今天看来,即使赛金花在外洋的际遇的确如此,穿洋装、说洋文不过是一种入乡随俗,但在19世纪末的中国,这可算得上是一件新鲜事。至于在中国本土,真正全套洋装的女性更是凤毛麟角。尽管如此,这并不妨碍洋装成为影响清末民初女装的主要因素之一。在它的影响下,清末民初的女子服饰发生了一系列的变化:

1. 在服制上突破等级观念

据说光绪帝因宠爱珍妃,特意用东珠为她制成了一件华贵的珍珠披肩,不想此事被隆裕皇后知道了,向慈禧太后告密,险些引来一场大祸。

这个小故事除了争风吃醋的表层含义之外,其实还涉及到清宫森严的等级制度。因为这种东珠非同小可,不但精美昂贵,而且在使用中等级的界限也是很分明的。皇后(皇太后、太皇太后)、皇贵妃、妃嫔各有等差(黄能馥、陈娟娟《中国服饰史》,上海人民出版社,2004,535—536页)。即使珍妃没有越制,但是珍珠披肩本身就非常招摇,在清宫可算是奇装异服了。

其实传统女性服饰的禁忌是非常多的,命妇们根据丈夫或者儿子的官位品级,也穿着与男装类似的补服。嫡妻着裙,婢妾着裤,界限异常分明;喜事用红,丧礼穿白,也是约定俗成的观念。不过,

"十美图"

这些禁忌在近代服装潮流的影响之下,都逐渐地被打破了。

　　裙子在传统的等级观念上有着重要的意义, 穿裙子还是穿裤子,还有穿什么颜色的裙子,是区别主奴、嫡庶的关键。所谓"诗礼人家,妇女一起床,便穿上了裙子,直到晚上睡觉才脱掉。……小姑娘们,十三岁起就得穿裙子。妓女是不穿裙子的,这是良家妇女与娼家的区别"(曹聚仁《上海春秋》,上海人民出版社,1996,189页)。以前主要是汉族妇女穿裙,满洲贵妇除了朝裙,平时不穿裙子。晚清时期,汉满互相影响,于是都开始穿裙子。满汉合流只是问题的一部分, 更重要的是等级观念的淡化。清末一些时髦女性穿起了裙、衫同色的衣服,"衣衫新样漫经心,或制斜襟或对襟。尚有裙衫同一色,四围阔滚皱纹深"。强调裙、衫色调的统一,裙子的等级化观念在淡化,时装化特点在加强。与此同时,裙样也有了更多的变

化。传统的裙子有百褶裙、马面裙、襕干裙、鱼鳞裙、月华裙等，不过基本的样式是前后有平幅裙门，两侧打褶，而且很长，只允许走路时微微露出一点莲尖。此时两侧打褶的样子不再时兴了："自昔通行百裥裙，西纱西缎暑寒分。今教宽大沿欧俗，不使旁边现折纹"，这才是我们现在常说的全幅打褶的百褶裙，自然是受了西式裙装的影响。还有半中半西样子的裙子，既学西裙加假扣，层数又多，裙身又比较窄小、合身："裙腰不必两分开，假扣匀排亦怪哉。既学西洋层锦簇，如何下幅紧围来。"(朱文炳《海上光复竹枝词》)又有一种襕裙，自后围向前以束裙腰，过去多为江、浙乡村之男子服之，清末上海之浦南，妇女则把它系在衣服的外面，"腰肢紧束，飘然曳地，长身玉立者，行动袅娜，颇类西女"(徐珂《清稗类钞》第13册，6202页)。原来只有妓女和婢女穿裤子，但后来妓女推出了以裤代裙的新行头，良家女子也开始效仿，裙、裤的禁忌也开始被打破。

中国古代对衣着用色有严格的规定，以黄、紫、红色为贵色，以绿、碧、青色为贱色，黑、白为凶色，而艳妆者被视为轻浮下贱之人。庶民妻女袍衫衣料可黑、紫、桃红及各浅色，禁用大红、青、黄色。而在西方人的眼里，这种传统的颜色搭配是很奇怪的。立

群钗大会

德夫人在杭州见到女子们"身着鲜红色的锦缎,黑发上戴着的绿玉首饰",就觉得很诧异:"各种颜色交相辉映,效果非常奇怪。看来,她们都沉醉于自己漂亮的服装,没有注意到首饰都把头发给坠了下来,也不知道红绿搭配有多怪。"(阿绮波德·立德《穿蓝色长袍的国度》,341页)

不过,在近代沿海沿江的一些商埠,由于洋装的影响,不少女子开始抛弃传统的色彩观念,追求服装颜色的和谐、美观、脱俗。上海的时髦女性,有的

民初身着简洁的花镶边上衣的闺秀

"缟素衣裳偏称体,淡妆不着石榴裙"(招隐山人《申江记游》,顾炳权《上海洋场竹枝词》,67页);有的则"杏燕花新锦地纹,红灰衫子白灰裙"(袁祖志《申江竹枝词》,顾炳权《上海洋场竹枝词》,18页)。

2. 服饰的简洁化趋势

20世纪40年代,张爱玲在给苏青出主意制衣的时候,强调线条简单的对她合适:把大衣的翻领首先去掉,装饰性的褶裥也去掉,方形的大口袋也去掉,肩头过度的垫高也去掉。最后,前面的一排大纽扣也要去掉,改装暗扣。由于强调得过于简单了,苏青最后只

得出口抗议,虽然还是商量的口吻:"我想……纽扣总要的罢?人家都有的!没有,好像有点滑稽。"(张爱玲《我看苏青》)

其实风格简洁、装饰物少,正是西式女装与中装的一大区别。花纹繁复的洋装当然也有,不过为了突出衣服的整体造型,多数以暗花为主;至于用做装饰的花边,在高级西式女装上自然也非常地讲究,但说起在边边角角上下的功夫,传统的(高级)中式女装可要复杂得多了。它们给人最深的印象就是满:浓丽的色彩、繁复的花纹,还有过分的装饰。领口、袖口、下摆都要镶边,而且名目繁多,造价也非常可观,仿佛女子们把所有的精力和心血都用到这上面去了。"有所谓白旗边,金白鬼子栏杆、牡丹带、盘金间绣等名色,一衫一裙,本身绸价有定,镶滚之外,不啻加倍,且衣身居十之六,镶条居十之四,一衣仅有六分绫绸"。大约咸丰、同治年间,京城贵族妇女衣饰镶滚花边的道数越来越多,有"十八镶"之称。在氅衣的袖口内,也缀接纹饰华丽的袖头,上面也有花绦子、狗牙儿等镶滚,这样袖子显得更长了,看上去像是穿了好几层讲究的衣服。这些复杂的装饰图案,取的名字都很吉利,像"子

知识女性

孙万代"、"双喜相逢"、"凤鸣春晓"、"五福寿仙"等等（黄能馥、陈娟娟《中国服饰史》，600页）。花边还有许多是雕空的，穿上呈凹凸状，有立体感。每穿着前须用软银熨斗烫熨镶边，否则收褶不得法，就无法再穿（景庶鹏《近数十年来中国男女装饰变迁大势》，引自罗苏文《女性与近代中国社会》，上海人民出版社，1996，179页）。或许是因为中国传统女子足不出户（或者很少出门），只好在"女红"上消磨时光；或许由于服装在样式上过于单调，人们才会在花边镶滚上下那么大的工夫。

在20世纪初的上海，这种过分强调细节的服装已经显得落伍了，在时髦人物的眼中，"簇新的补服，平金褂子，大镶大滚宽大的女袄，像彩色的帐篷一样，……男人的衣服一样花花绿绿，三镶三滚"，显得非常的滑稽（张爱玲《怨女》）。

到了民初，那种繁复的花样、过多的装饰开始减少。"旧时服式，素取宽博，近年效法西洋，尽改短窄"（顾伯英《女子服装的改良》，《妇女杂志》第7卷第9号，1921年9月，51页），少妇的装束在强调端庄的同时更加简洁。衣料一般取提花纹样图案，或单色（蔚蓝、深黑）无花光面织品，给人高雅之感。活泼者选择牡丹、芍药花形图案，给人雍容华丽之美。衣边讲究用本色丝带为滚口，昔日流行的珠翠边（缝在衣边一寸

素妆女子

以内)已弃之不用。若毛料服装则纽扣、领缘处均以丝练边为饰(俗称"黄缮骨");花绒面料要用本色绒为扣。显然,由于装饰物的减少,加上合体的剪裁原则,衣服的线条更加流畅,女性自身的曲线也更加突出,虽然依旧是贤母良妻的总体设计,但是更加简约、大方。至于闺阁中的未婚女性,衣服的色彩则更加素雅,款式也更加简洁,装饰品没有珠围翠绕,仅缘以丝带。裙以半膝为限,缘以黑布带。加上素淡的辫饰和最新潮的革履、丝袜,少女的清纯之美更加突出(罗苏文《女性与近代中国社会》,188页)。我们可以从流传至今的大量民初照片看到这一类女装。

其实,女装的简洁化也是当时的世界服装潮流。由于中西交通的发达,晚清民国,特别是20世纪20年代之后,引领世界时装潮流的巴黎时装样式很快就会传到上海,并通过报刊、电影等媒体流传开去。如20至40年代上海最畅销的时尚杂志《良友》第36期在介绍了多款巴黎、纽约春夏时装展览会中的时装样式后倡导说,"服装问题,在实用方面求其合卫生,

月份牌上的时髦女子

在观瞻方面则有审美关系。现代生活中,事事去繁就简,尤其是日常衣服,更取其轻便"(《巴黎及纽约春夏时装展览会中几种简单而美丽之衣服》,《良友》第36期,1929年3月,19页)。时装的简洁化固然与当时的世界性经济危机有关,但大势所趋已不可逆转。

3. 式样翻新、曲线突出

如前所述,中国传统女装过分强调平面装饰而不重人体造型。在我们的印象里,晚清著名的《点石斋画报》上的中国女子,她们的衣服几乎都是一个样子:宽大过膝的长衫,下身是裤子或裙子,再配上伶仃的小脚。其实有清二百多年的时间里,汉族女装的样式几乎都是这个样子,不论是官家眷属还是平民百姓,一律是长衣、大袖、宽边。那个时代的旗袍("旗女之袍")还是满族女子的专利,贵妇的旗袍按照正式和随便这两种用途分为氅衣和衬衣,二者的样式没有多大区别,基本上都是圆领、直身、有五个纽扣的长衣,袖子形式有舒袖(袖长至腕)和半宽袖两类,袖口内再另加饰袖头,只不过氅衣的用料和装饰更加华丽和繁复,而衬衣相对地简单一点,适于家居或者非正式的场合。从现存的一些清末宫廷贵妇的照片来看,她们的旗袍虽说因为连身会使身材显得颀长一些,但比起后来的改良旗袍却要肥大得多,并不能全面突出身体的曲线。

19世纪末20世纪初,随着欧式女装突出女性曲线的审美观念的流传,延续了二百多年的传统女装样式也开始发生了变化。《清稗类钞》载,"同、光间,男女衣服尚阔袖,袖广至一尺有馀。及经光绪甲午、庚子之役,外患迭乘,朝政变更,衣饰起居,因而皆改革旧制,短袍窄袖,好为武装,新奇自喜,自是而日益加甚矣"(徐珂《清稗类钞》第13册,6201页)。1900年前后,立德夫人在苏州发现当地女子的衣服已经"比中国西部妇女的服装要紧,接近英国的紧身

服。袖子仅及肘部上方紧贴手臂,而不是像常见的中国服装那样,在手腕处垂下半码长。无疑,杭州和苏州女士的服装——可称为时下中国女士的流行款式——裁剪完美,极其漂亮,任何人穿着都很合身,而不失庄重和自然"(阿绮波德·立德《穿蓝色长袍的国度》,343页)。

苏、杭流行的这类紧身女装显然是受上海的影响。当时的时尚女装,不但吸收了西式女装的特点,而且有所夸张,"衣之长及腰而已。身若束薪,袖短露肘"(徐珂《清稗类钞》十三,6166页)。具体说来,就是上衣瘦小,以腰身、臂膀处无一褶纹为美,同时下襟也由长而改短。大约是受中国女子体形的限制,这种夸张的结果,并不能像"衣衫紧窄腰围小,凸乳高胸曲线明"的西式女装那样突出女性

"身若束薪"的女子

的S型身段,而是"身若束薪"——前后几乎都没有曲线,平平瘦瘦的像一根柴火,如果用上张爱玲的比喻,就是像一缕诗魂,瘦弱无助,惹人爱怜,典型的乱世中的薄命女。

4. 女学生装和旗袍成为亮点

民国改元之后,更多的年轻女子穿起了欧装,当时有许多竹枝词对此都有描写,比如"素裙革履学欧风,绒帽插花得意同。脂粉不施清一色,腰肢袅袅总难工"(玉壶生《厂甸竹枝词》,雷梦水等编《中华竹枝词》第1册,350页)。

不过西式女装不但触目,而且不太符合中国人的穿衣习惯,比如说冬日上身围巾、帽子齐全,脚下却只穿薄薄的丝袜,实在是"美丽动(冻)人":"围巾批氅着花冠,两袜偏教薄似纨。坠指裂肤都不惜,为摹时样耻言寒。"(张文洵《丙寅天津竹枝词》,雷梦水等编《中华竹枝词》第1册,489页)因此,大多数赶时髦的女子取的是中庸之道:先是模仿朴素大方的女学生,后来转而对中西合璧的旗袍情有独钟。

从19世纪末开始,兴办女学的运动虽然屡屡受挫,但是随着时势的发展,也逐渐形成了一股不大不小的潮流,女学生逐渐成为近代中国女性中一个特殊的群体。她们由于接受了近代学校教育,稍通西礼、西语,生活情趣、审美眼光已经与同龄的传统女性有了很大的不同,她们的服饰也因此带有鲜明的特色。

清末小说家李伯元的《文明小史》中曾描写过上海虹口女学堂学生的打扮:"一个个都是大脚皮鞋,上面前刘海,下面散腿裤,脸上都架着一副墨晶眼镜,二十多人,都是一色打扮,再整齐没有。"这种整齐划一的打扮,带有明显的近代学校教育的特征,类似于我们今天的校服。近代不同时期、不同学校的校服自然不可能完全一

样,不过有一个共性,就是要求朴素淡雅。例如上海务本女子学校规定"鞋帽衣裤,宜朴净雅淡,棉夹衣服用元色,单服用白色或淡蓝。脂粉及贵重首饰,一律不准携带"(《光绪三十一年务本女子学校第二次改良规则》,朱有瓛主编《中国近代学制史料》第2辑下,华东师范大学出版社,1989,593页)。这样一种着装规定,可以在潜移默化之中教育学生们树立贵清洁不贵装饰,尚从容和蔼不尚浮躁,谨慎端庄不苟言笑的自尊自重的意识。在崇尚奢华、追求时髦的清末,朴素淡雅的女学生,无疑像一阵清新的文明之风,引起了人们关注,有竹枝词云:"或坐洋车或步行,不施脂粉最文明。衣裳朴素容幽静,程度绝高女学生。"(忧患生《京华百二竹枝词》,雷梦水等编《中华竹枝词》第1册,276页)

民国建立以后,随着女子教育的发展和普及,女学生的群体在不断地扩大,她们的装束甚至在一个时期内影响了人们的审美取

北京贝满女中学生

阴丹士林布料广告

向。据说,当时就有不少名妓为了招引客人,特意打扮成女学生的样子,可见学生装之时髦。民初学生装的规制,和普通女装一样,是上袄下裙,上衣的衣袖宽大,开领有方、圆、三角形,下身是长仅及膝的黑裙,脚下是白色帆布鞋或高跟鞋。家境好的女学生,衣料多选用西洋花绸,中等家境的,夏天用白洋纱、夏布、麻纱,秋冬季用灰哔叽、直贡呢、羽绒呢。即使是赶时髦的女生,也很少烫发。20世纪20年代以后,女子剪发更是在学校中流行,因此,她们身上常用的饰物,不再是华贵的戒指、发针,而是具有实用价值的小阳伞、眼镜和手表,另外,上衣襟前还会插上一两支钢笔或活动铅笔。这样一种装束,在民初经过不断的改良,就成为1919年走在"五四运动"

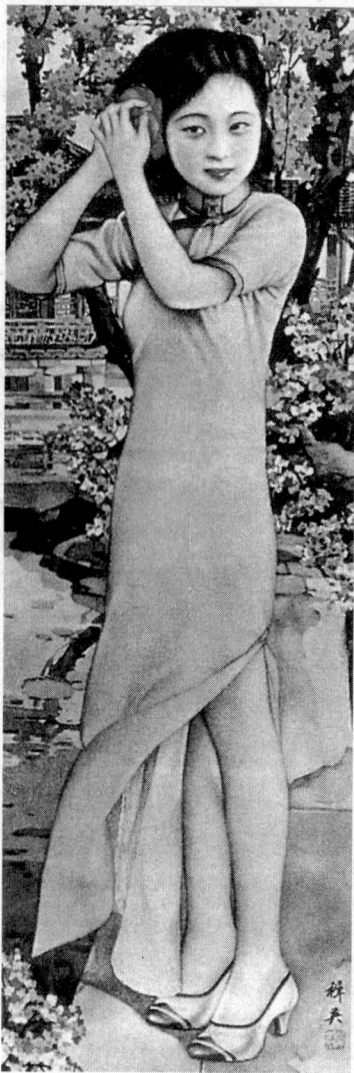

高开衩旗袍

队伍中的女性们的典型服饰,健康大方而又充满自信。

朴素大方的学生装虽然在一个时期内引人关注,但当更能体现东方女性魅力的改良旗袍出现之后,前者的时装作用就开始消失,既而回归到原来的位置——为女学生这个特定人群服务。到后来,学生装在式样上还受到旗袍的影响,一些学校甚至采取旗袍做校服,不过样式和用料仍然崇尚简朴。

学生装之所以会退出流行舞台,原因是多方面的。二三十年代,由于女子教育的进一步普及,在大多数的大中城市,中等阶级以上人家的女孩子都会有做女学生的机会,在年龄上也更加趋向整齐(中学生大约在15—20岁之间),因此可以说在这样的地方,女学生和少女在某种程度上成了同义词,同时也以此区别于公众更加关注的审美对象——成熟女性。此外,单从服装的角度来看,学生装的朴素、简单在时装潮中虽曾是一道独特的风景,但总体来说缺乏变化,而且并不适用于所有的爱美女性,比之于式样、用料等方面不断推陈出新的旗袍,自然要甘拜下风了。

旗袍本是满洲妇女的专利。民国改元,五族共和,旗袍区分满汉的意义已经不存在,民国伊始,许多爱俏的北方女性就穿起了旗袍。不过这种旗袍的样式仍然陈旧,服体宽大,卡腰很小,下摆很大,大襟开到底,穿起来既不随体,也不舒服。从20世纪20年代开始,旗袍的领、袖、边、长、宽、衩开始持续花样翻新。最初的旗袍称为旗袍马甲,套穿时要衬穿一件短袄。到了1926年,短袄和旗袍马甲开始合二为一,为了避免"老派人士"的攻击,尝鲜的新潮女士不得不在旗袍的边、袖等处镶上"蝴蝶褶"。1928年,旗袍进入新阶段,长度适中,很便于行走,袖口大多数仍然保持旧式短袄的宽大风格,领口则花样繁多,各具情趣。时人认为,旗袍最符合新女性所追求的简单、坚固、雅致、宽窄适度、长短合宜这几条基本原则(逍遥生《妇女服装谈》,《妇女杂志》第13卷第1号,1927年1月,99页)。20世纪30年代,旗袍开始被部分中学、大学采用为校服,于是衣长短了一寸,袖子则完全采用西式,以便着装时跑跳自如。1932年,新派女性竞相穿着"花边旗袍",这种款式采用"小元宝领",领口、袖口、襟边镶有花边。1933年后,大衩旗袍开始抬头,后来甚至由衩高过膝一举滑向衩高及臀。同时,为更好地衬托女人的曲线,旗袍的腰身亦变得极窄,旗袍的长度发展到了极点,以至着装时袍底落地,完全遮住了双脚,这种奇特的款式,时人名之曰"扫地旗袍"。那时候,时髦女性的标准形象是"头上青丝发钳烫,西式千湾百曲新"、"身上旗袍绫罗做,最要紧配称身。玉臂呈露够眼热,肥臀摇摆足消魂。赤足算是时新样,足踏皮鞋要高跟"(《新闻夜报播音园地汇

编·现代的女子》,《美术生活》第16期,1935年7月,7页)。到抗战前后,由于衣料价格的攀升,旗袍的长度又有所缩短(参见忻平《从上海发现历史》"1925年至1940年上海妇女旗袍流行长度曲线图",上海人民出版社,1996,363页)。我们今天所熟悉的长短、开衩、领、袖都比较适中的旗袍,是在抗战时期才相对定型的,是当时中国女子的标准服装。

"改良旗袍"实际上是东西方审美观念结合的产物,它打破了传统的上衫下裙的规制,领、袖、边、长、宽、衩以及面料的丰富变化可以适合于大多数的女性,合体的裁剪方式更能够衬托她们窈窕的身材,突现女性的魅力,因此时至今日,它仍然是世界公认的东方女子的典型服装。但在当时也引起一部分人的非议。其中有一位自称是"乡下老太婆"的作者在《女子月刊》上发表的文章的观点颇为奇特,她说,过去满人灭明,尚能"男降女不降",而"现在糟透了,女子也降了满人了"(徐青宇《为什么要叫做旗袍呢?》,《女子月刊》第1卷第3期,1933年5月,27页)。

(四) 记得改元初变故,革鞋毡帽遍华街
——男装的变化

老马把驼绒紧身法兰绒汗衫,厚青呢衣裤,全穿上了。还怕出去着了凉,试着把小棉袄絮在汗衫上面,可是棉袄太肥,穿上系不上裤子。于是骂了鬼子衣裳一顿,又把棉袄脱了下来。……要不怎么说,东西文化不能调和呢!看,小棉袄和洋裤子就弄不到一块儿! (老舍《二马》)

老马先生为了继承哥哥在英国的遗产，带着儿子小马来到伦敦。第一次出门做客，就碰到了着装的麻烦。故事的发生时间已经是20年代，老派的中国人仍然难免被"洋鬼子衣服"折腾得遍体生津。的确，西装和中装是完全不同的两个着装模式，生硬地放在一起，自然是"套不上"的，不过，中国人从第一次走向世界开始，就在思考着装的问题，经过清末民初一段时间的摸索，终于还是找到了既有民族特色、又与世界潮流不悖的着装模式。

1. 西装的"洋为中用"

> 各国公使皆朝服，系青毡褂；前面齐胯，后垂二燕翅，作兀字形，长约二尺。……青毡裤，由胯至足，立金线一道，宽亦二寸。(张德彝《随使英俄记》,321页)

张德彝描述的"各国公使朝服"，其实就是早期的燕尾服和西裤。如今这种比较古典的西装我们只能在一些特殊的场合，比如正规的音乐会上才能够见到。它和当时中国的传统男装相比，有着明显的区别。在造型上，西式男装一般是把双肩垫高并使胸部饱满，同时腰向内收，从而突出了男性的健美体型：上身肩宽腰细，呈倒三角形，下肢硕长挺拔，整体的曲线既秀美又有阳刚之气。到19世纪末，西式男装连"燕尾"也逐渐被去除了，显得更加轻便、潇洒(张乃仁、杨蔼琪著译《外国服装艺术史》,260页)。

晚清中国社会真正的"洋装朋友"实在不多，不过"易服"和"断发"一样，一直是颇有争议的一个话题。少数留学生在国外为了适应环境而改穿洋装，但是一般的中国人对这种"鬼子衣裳"是很不习惯的。林语堂《京华烟云》中为姚家大少爷整理衣服的丫头银屏就觉得，洋衬衫长得可笑，袖口的里外面简直不容易认出来，袖扣

身着西式军服的勋龄，显得分外精神。

很容易扣反，而且兜和扣子都多得出奇："为什么西服要有那么多兜儿呢？那么多扣子呢？昨天我算了算，里里外外，一共有五十三个扣儿。"

或许多数中国人对西装的感觉和银屏差不多，所以戊戌变法中康有为在提出"易服"的时候，特意对西装做了这样一番比方解释："夫西服未文，然衣制严肃，领袖洁白，衣长后衽，乃孔子三统之一，大冠似箕，为汉世大夫之遗，革舄为楚灵王之制，短衣为齐桓之服。"（《断发易服改元折》）

把西装和中国古代的圣贤联系在一起，今天看来实在过于牵强，不过康有为这么说实际上是为了适应大多数人的心理，让国人能够接受西装，这也符合当时变法的总策略——"托古改制"，其目的则是通过自上而下的服饰变革来改变中国人的面貌，以顺应世界潮流，所谓"发尚武之风，趋尚同之俗"（《断发易服改元折》）。辛亥革命前夕，革命党人也提出"合古今中外而变通之，其唯改易西装，以薪进与大同矣。既有西装之形式，斯不能不有所感触，进而讲求西装之精神"（《论发辫原由》），与康有为所见略同。

民国改元之后，西装"合法"地流行。1912年10月，民国政府正式颁布了关于男女礼服的规定，其中男子的礼服分为大礼服和常

穿西装的新郎

礼服两种。大礼服即西方的礼服,有昼晚之分。昼服长与膝齐,袖与手脉齐,前对襟,后下端开衩,用黑色,穿黑色长过踝的靴。晚礼服似西式的燕尾服,而后摆呈圆形。裤,用西式长裤。穿大礼服要戴高而平顶的有檐帽子,着晚礼服则可穿露出袜子的矮筒靴。此外还有常礼服两种:一种为西式,其形制与大礼服类似,惟戴较低而有檐的圆顶帽,另一种为传统的长袍马褂,均黑色,料用丝、毛织品或棉、麻织品(刘志琴主编《近代社会文化变迁录》第3册,59—60页)。

这个服令的普及率其实并不高,当时多数中国人仍然是穿传统的长袍马褂。但是民国改元毕竟气象不同,随着剪发令的推行,为了给新剪的头发配上合适的衣帽,城市中的时髦青年已经纷纷改头换面、西装革履起来。所谓"先从顶踵别安排,摹仿西装处处皆。记得改元初变故,革鞋毡帽遍华街"(罗四峰《汉口竹枝词》)。自然,初学乍练,笑话也不少。有人给西装安上了中式镶边,"既学欧西要学全,如何细滚黑镶边"(朱文炳《海上光复竹枝词》),显得不伦不类。对于国人来说,西装虽然简洁干练,但也不是没有麻烦,比如说板形太挺,限制了人体的活动,舒适度比较差;扣子太多,衬衫清洗麻烦,还有就是像老马先生遇到的麻烦,不论冬夏都必须单穿,保暖性和透气性都差一些。中国人初着西装所遇到的尴尬,我们在清末的竹枝词里能找到不少痕迹:

> 初穿硬领最难当,令尹真教颈项强。
> 尚有胸前丝带结,也须学习始周详。
> 洁白衣裳易受疵,怕留污点惹人嗤。
> 仅教领袖天天换,洗濯钱文已不赀。

> (朱文炳《海上光复竹枝词》)

欲学西装本不难,最难寒热两时间。

长袭短褐逍遥惯,自著番衣涕汗潜。

(罗四峰《汉口竹枝词》)

另外,西装有礼服、常服、便装之分,穿戴上也要讲究身份。溥仪曾经回忆:他结婚那天,宴请外国宾客之后,回到养心殿,脱下龙袍,换上便装长袍,内穿西服裤,头戴鸭舌帽,这身不伦不类的打扮被庄士敦看到,很为生气:"这叫什么样子呵?皇帝陛下!中国皇帝戴一顶猎帽!我的上帝!……"(爱新觉罗·溥仪《我的前半生》,群众出版社,1983)

与西装相配的皮鞋,也给中国人带来不少烦恼。传统的鞋子大多是布制的,不存在擦鞋的问题,可是皮鞋却要勤擦:"皮鞋胶布尽通行,

溥仪西装像

黑白咸称制造精。安得华人勤拂拭,从头到底现文明。"(朱文炳《海上光复竹枝词》)

虽然中国人初试西装遇到了不少的麻烦,但是由于在当时西式打扮代表着体面和新思潮,即使是普通市民,也要置备一套西装以应不时之需。据说20世纪二三十年代的时候,"海上人士穿西装的,约占十之四五。……恐不久的将来,在40岁以下的男子,找不到一个穿中装的了"(郑逸梅《西装商榷》,余之、程新国主编《旧上海

风情录》上,文汇出版社,1998,376页)。有些学校规定毕业生参加毕业典礼时必须穿西装,颇让那些穷学生为难,不得不赊账三四百元(数月的薪水)置备一套西装,以解燃眉之急(邹韬奋《经历》,岳麓书社,1999,36页)。有的人则到旧货市场上去买旧西装,时称"淘西装"。

2. 长衫马褂的改良

传统的中式男装可以概括为"袍套"打扮。所谓"袍"就是长袍或长衫,"套"则是套在外面的马褂或者马甲,都有相对固定的尺寸。一般的马褂长仅及脐,有对襟、琵琶襟(右襟短缺一块)和右衽大襟马褂几种。马甲就是背心、坎肩,是紧身式的无袖短上衣,有一字襟、琵琶襟、大襟和多纽式(又叫巴图鲁坎肩)等,四周和襟领处都镶有异色镶边(黄能馥、陈娟娟《中国服饰史》,586—588页)。

和女装相似,这种传统的男服装饰性也很强。咸丰、同治年间,流行用大沿镶边,所谓"时兴马褂大镶沿,女子衣襟男子穿。两袖迎风时摆动,令人惭愧令人怜"(李静山《增补都门杂咏》,雷梦水等编《中华竹枝词》第1册,231页)。光绪、宣统年间,用宝蓝、天青、库灰色铁线纱等做的短到脐部以上的马褂,在南方尤为流行,甚至有大红色的。面料一般用二则、四则、六则团花,折枝大花、喜字等纹样的暗花缎、暗花宁绸、彰容、漳缎等。当时的马褂不但和女装一样讲究镶滚、色彩鲜艳、图案繁复,衣服的式样也非常宽大,衣袖有大到尺馀的,袍衫一般要长到脚踝。这种宽大甚至带有女性化色彩的"袍套打扮",在生活悠闲的时代显得文雅高贵,但是处在晚清这样一个变革时代,不但为外人所哂笑,也和更多的体力活动、快速的生活节奏不相协调。甲午、庚子战争后,受适身式西装的影响,中式袍衫变得越来越紧瘦,长盖脚面,袖仅容臂,形不掩臂,甚至蹲一蹲身子也会把长袍撑破。有记载说："新式衣裳夸有根，极长极窄太难论。洋人着服图灵便，几见缠躬不可蹲。"（忧患生《京华百二竹枝词》，雷梦水等编《中华竹枝词》第1册，292页）这样反而带来了更大的不方便。

民国以后，受西装的影响，长衫、马褂在款式、质料、颜色和尺寸上都有了一些改良。如马褂，一般都采用黑色丝麻棉毛织品，对襟窄袖，下长至腹，前襟钉纽扣五粒。长衫则用蓝色，大襟右衽，长至踝上二寸，袖与马褂齐长，左右两侧的下摆处，还开有一尺左右的长衩。过多的镶边、太女性化的色彩不见了，衣服的款式不尚宽大，而趋向于合体。用作便服的长衫、马褂，颜色可以不拘。中等经济状况的男子，多数都单着长衫、长袍，不再外罩马褂或者坎肩，内穿西装裤，足下皮鞋，这种着装模式比传统的中装简单，又比西装随便而舒适。我们今日在影视作品中看到的"五四"知识分子，往往是合体长衫一领，配上宽边眼镜、白围巾和常夹在腋下的书稿，整个感觉是朴素、稳健、温文尔雅、不卑不亢，符合中国男子的典型气质。

实际上，在民国时期，长袍马褂一直与同时流行的学生装、中山装、西装等并行不悖。同一个人，在不同的场合，很有可能穿不同的衣服。比较典型的例子是，李叔同留学日本时的打扮是个"彻底的留学生"的样子："高帽子、硬领、硬袖、燕尾服、史的克（手杖）、尖头皮鞋，加之长身、高鼻、没有脚的眼镜夹在鼻梁上，竟活像一个西洋人。"回国以后却彻底地变了，"漂亮的洋装不穿了，却换上灰色粗布袍子、黑布马褂、布底鞋子。金丝边眼镜也换了黑的钢丝边眼镜"（苑兴华编《丰子恺自叙》，团结出版社，1996，88页）。

3. 中西合璧的礼服——中山装

曾朴的小说《孽海花》描写一位叫做米筱亭（影射费念慈）的新

翎顶补服

进士，原是监生出身，因为娶了前科状元的女儿，颇有惧内之名。一次不知怎样又得罪了太太，招来一顿臭骂："我是红顶子堆里养出来的，仙鹤锦鸡怀里抱大的，这会儿，背上给你驮上一只短尾巴的小鸟儿，看了就触眼睛。算我晦气，嫁了个不济的阘茸货。"

按清代舆服制度，文官补服一品绣鹤，二品锦鸡，三品孔雀，四品雁，五品白鹇，六品鹭鸶，七品鸂鶒，八品鹌鹑，九品练雀(《清史稿·舆服》)。米太太的父亲不但是状元，而且曾做到二品大员，所以她说自己是"仙鹤锦鸡怀里抱大的"，而米筱亭在中进士之前，只是八品的监生，所谓"短尾巴的小鸟儿"指的自然是补服上的鹌鹑。由这个故事我们可以看出，清代的官服在官场中划分出严格的等级，一个小官在上司面前自然没有平等的地位，就是在家庭中，如果碰到这样一位太太，也是抬不起头来的。

中国这种传统的服饰文化，在对外交往中却并没有得到西方人的认可，相反，却产生了许多尴尬的笑话。据说，中国第一位驻外公使郭嵩焘一次出席外国人的茶会，一位外国妇女"忽觉有触其颈者,觉其物松软,奇痒不可耐,按之不得,四顾又无所见。已而复然。再三察之,始知中国钦使之花翎左萦右拂也"(《郭嵩焘使英》,《清朝野史大观》第4册,江苏广陵古籍刻印社,1995年影印本,95页)。在这个故事里,外国人并不看重花翎所代表的荣耀,而只把它看成服饰上一种可笑的累赘。为避免尴尬,清末曾有一些外交官员提出改革外交服制的建议,但均未被采纳。直到辛亥革命以后,孙中山创制出了一种既与国际惯例接轨、又能体现民族特点的中西合璧的礼服——中山装,情况才开始改观。

中山装的来源说法不一,比较流行的有两种说法:其一是辛亥革命后,孙中山要求上海著名的荣昌祥呢绒西服号的师傅以日本陆军士官服为基样,设计一套直翻领的四贴袋服装,袋盖成倒山形笔架式,纽扣为五粒,象征五权宪法(夏林根《第一套中山装》,叶亚廉、夏林根主编《上海的发端》,上海翻译出版公司,1992,336页);其二是1923年孙中山在广州任中国革命政府大元帅的时候,深感西装不但样式烦琐,穿着不便,而传统的中装长衫又不能充分体现当时中国人民奋发向上的时代精神,所以主张以当时在南洋华侨中流行的"企领文装"上衣为基样,在企领上加一条反领,以代替西装衬衣的硬领,又将原来的三个暗袋改为四个明袋,下面的两个明袋还裁制成可以随着放进物品多少而涨缩的"琴袋"式样(黄汉纲《中山先生与中山装》,《中山先生轶事》,中国文史出版社,1986,218—219页)。

笔者将现存的孙中山照片中按时间排序发现,中山装的样式是有变化的:南京临时政府时期孙中山穿的中山装是立领、只有上襟有两个倒山形袋盖的明袋,下襟则没有明袋(参见王耿雄编《伟人相册的盲点——孙中山留影辨证》,上海书店出版社,2001,79

页);1923年之后中山装的样式却是翻领、前襟有四个倒山形袋盖的明袋。因此,上述两种说法其实并不冲突,上海"荣昌祥"制作的是早期式样的中山装,而在广州设计的则是后期式样的中山装。只是第一种说法没有注意到早期式样的中山装是竖领、只有两个明袋这两个细节。

中山装既保留了西装贴身、干练的风格,又融入了中国格调,强调对称、凝重。它不像传统的衣冠之制显示明确的官阶等级区别,但又比后来流行的夹克之类显得朴实、庄重,更适宜在较正式的场合穿着,而且符合中国人的中庸平和的价值观念以及内向、持重的性格特征。因此推出后不久,就在国内文职官员和学生中流传开来。到20年代末,国民政府重新颁布《民国服制条例》,中山装被确定为礼服之一,还规定:夏季用白色;春、秋、冬季用黑色。从此,中山装更加流行,国际上也视中山装为中国男子的标准礼服。

在近代社会生活的诸多方面中,服饰的变化最为丰富多彩,用"时装发布会"来形容上海这类通商大埠的服饰潮流,一点也不为过。近代女性在讲求衣服样式、颜色的时候,已经在逐渐抛弃传统的等级观念;当她们穿起曲线暴露的时装出风头的时候,西方人性化、个性化的审美理念已经在不知不觉中开始影响她们以往单调平板的生活;至于足部的解放,则有助于新一代女性的健康发育、自由活动,从而为走出闺阁、参与社会奠定基础。与此同时,同样受到西方服饰观念的影响,近代男子从清末开始剪去奴隶与落后的一大象征——辫子,到民国之后改良传统的长袍马褂、试穿全套的西式服装,进而设计出了既有中国特色又为世界认可的中山装,精神面貌也大为改观,旧式翎顶补服甚至女性化袍套遮盖下的病态的中国男人形象，逐渐被健康而富有阳刚之气的新国民形象所取代。外表的变化往往多少可以反映出内心的活跃，近代服饰文化的变迁，也从一个侧面映衬出西方自由、平等诸多新观念对传统中国人发生的潜移默化的影响。

二、明清来华西人吃什么？

导入：

(乾隆)"你们欧洲人饮用这里的酒吗？适量喝一点这种酒是利于强身的。"

(传教士)"从广州到这里的路上，人们让我品尝过各种酒，我觉得口味都不错；但这里所有欧洲人都感到我们的胃对此不大适应，所以我们教堂中不喝本地酒。"

"那你们让人从欧洲运酒来了？"

"我们让人从广州运来，于某些节庆日子饮用。"

"平时你们喝什么呢？"

"喝我们在这里请人酿造的酒。"

"这种酒是用什么原料酿造的？"

"我们用葡萄酿酒。欧洲所有的酒都是用葡萄酿造的。"

"葡萄酒比此地用谷物酿造的酒更利于健康吗？"

"对于不适应葡萄的人来说，这种酒对他可能不像对我们那么有益。然而，由于欧洲人每餐都要喝一点葡萄酒，我们的胃对此早就习惯了，所以我们酿的酒口味如何，能让我们每人于席间喝上一盅子，我们就很满意了。"

——杜赫德《耶稣会士中国书简集》

　　位于北京行政学院校内的"利玛窦墓及明清以来外国传教士墓地",是笔者经常要去瞻仰的两个墓地之一(另一个是位于北京植物园的梁启超墓),每次似乎都会悟出点什么。这一回故地重游,读着墓碑上外国传教士的中国名字,突然闪出了一个问题:这些西方人在中国吃什么?之所以会有这个问题,也不是毫无原因的。大家都知道,利玛窦等人为了融入中国社会,都要进行一番改头换面,穿儒服、习汉语、取汉名、学中国礼节……一言以蔽之,就是尽量变得更像一个中国人。那么,他们是否也会改变自己的饮食习惯而改吃中餐(包括改喝中国酒)呢?要知道,和服饰、礼节甚至语言等相比,人的饮食习惯其实是更难改变的,有过异国或他乡经历的人恐怕都深有体会。

明清来华传教士之墓

利玛窦墓

没有现成的答案。故宫博物院留下了一些档案,记录了皇帝赐给以及内务府供给西方人食物的情况。如"乾隆三十一年五月十五日,赏郎世宁菜一桌,王致诚、艾启蒙、安得义菜一桌半,共二桌半。每桌素菜两碗,摊鸡蛋一碗、虾米白菜一碗,又点心一盘及素粉汤"(鞠德源等《清宫廷画家郎世宁年谱——兼在华耶稣会士史事稽年》,《故宫博物院院刊》1988年第2期)。乾隆五十七年四月,内务府供给"德天赐每日份例盘肉三斤,每月菜鸡七只半;巴茂正每日份例盘肉三斤,

每月菜鸡七只半;潘廷章、贺清泰二人,每日份例肉三斤,菜肉三斤……"(水木《清代西洋画师的膳食》,《紫禁城》1983年第2期)虽然记载得非常详细具体,但还是看不出这些西方人平常吃的是西餐还是中餐。看来答案只能从他们自己写的著作、书信里去寻找。

收获还是有的。乾隆年间,蒋友仁在发回欧洲的一封信中描述了皇帝与自己的一段对话,部分地解答了这个问题:

(乾隆)问:"你们欧洲人饮用这里的酒吗?适量喝一点这种酒是利于强身的。"答:"从广州到这里的路上,人们让我品

尝过各种酒，我觉得口味都不错；但这里所有欧洲人都感到我们的胃对此不大适应，所以我们教堂中不喝本地酒。"问："那你们让人从欧洲运酒来了？"答："我们让人从广州运来，于某些节庆日子饮用。"问："平时你们喝什么呢？"答："喝我们在这里请人酿造的酒。"问："这种酒是用什么原料酿造的？"答："我们用葡萄酿酒。欧洲所有的酒都是用葡萄酿造的。"问："葡萄酒比此地用谷物酿造的酒更

乾隆像(国家博物馆藏画)

利于健康吗？"答："对于不适应葡萄酒的人来说，这种酒对他可能不像对我们那么有益。然而，由于欧洲人每餐都要喝一点葡萄酒，我们的胃对此早就习惯了，所以我们酿的酒口味如何，能让我们每人于席间喝上一盅子，我们就很满意了。"(杜赫德《耶稣会士中国书简集》，大象出版社，2005，53页)

地下出土的南宋温酒具
(国家博物馆藏)

看来，当时在华西方人并没有改变(至少是没有完全改变)自己的

晚清澳门油画(国家博物馆藏)

饮食习惯。喝酒是这样,吃饭可能也是如此:就地取材,利用中国的原料,为自己做一顿可口的西餐(尽管因条件限制不可能是原汁原味的西餐),就像今天在海外的华人亲自动手为自己做一顿可口的中餐一样。

　　至少还有三条材料可以佐证笔者的推测:一为研究澳门史必备的《澳门记略》,二为反映中西贸易摩擦的《乾隆二十四年英吉利通商案》,三为法国人老尼克的游记《一个番鬼在大清国》。《澳门记略》的作者是乾隆年间管理澳门地方事务的中国官员,他们观察到,西方人"食皆以苏合油煎烙,曼头(面包)牛膢皆度色如金黄,乃食酒以葡萄"(《澳门记略·澳蕃篇》);《乾隆二十四年英吉利通商案》记录了英国商人因粤海关官员对他们随身带来的日常食品"洋酒、面头、干牛奶油、番蜜饯"强行征税(当然这只是原因之一),向朝廷告了一状,引起朝旨震怒,派员前往广东查办的事件(梁嘉彬

《广东十三行考》,广东人民出版社,1999,95页);《一个番鬼在大清国》的作者描述了鸦片战争前夕自己在广州十三行享受奢华的西式晚宴的情景（《一个番鬼在大清国》，山东画报出版社,2004,20页）。这三条材料都从一个侧面证明了当时来华的西方人仍然"固执"地保持着他们的饮食习惯。

鸦片战争之前，来华的西方人虽然不多，但他们的食品以及饮食习惯对那些与他们关系密切的中国人可能还是产生了一定的影响。袁枚《随园食单》中的"杨中丞西洋饼"、李化楠《醒园录》里介绍的"蒸西洋糕法"，应该都与西方人有关。

鸦片战争之后，来华西方人的数量剧增，中西方之间的贸易也比利玛窦、郎世宁时代频繁得多，也便利得多，加上罐头储藏技术的普及（欧洲19世纪初发明了食品罐装技术，见德博诺《发明的故

早期上海外滩(明信片)

事》,三联书店,1986,337页),那些不习惯于中国饮食的西方人可以更多地享受直接从欧洲舶来的西式食品。这可以从英国人霍塞对开埠初期西方人饮食状况的描述中得到映证:

> 最先是一道浓汤,佐以一杯的舍利酒;继之以一两道小吃,佐以香槟;次是牛肉、羊肉或鸡、鸭和火腿,佐以香槟酒或啤酒;次是咖喱饭和咸肉,次是野味、布丁、糕饼、车厘冻、鸡蛋糕或牛奶冻,香槟酒,次是乳酪饼(即芝士)、冷盆、面包、白塔油和一杯红葡萄酒;最后还要加上橘子、枣子、葡萄干、胡桃肉和两三杯红酒或别的酒类,再佐以一杯咖啡,方才完事。(《出卖的上海滩》,上海书店出版社,2000,13页)

从上述开列的食单上看,酒类、饮料应是直接从欧洲运来的舶来品(上海开埠不久,酒类就成为最重要的进口商品之一,见黄苇《上海开埠初期对外贸易研究》,上海人民出版社,1961,150页),有些食品很可能是罐头食品,如火腿、布丁、车厘冻、牛奶冻、乳酪饼和白塔油等。以中国人的眼光来看,上面这一份食单,更像一顿点心或冷餐,虽然花样不少,但算不上奢侈,因为食单上没有中国人习惯的大鱼大肉等热菜,而牛肉可能是那种并不好吃的水牛而不是欧洲人吃的菜牛。这一方面说明了西餐的特点,另一方面说明在开埠早期,西方人在中国的生活受到西餐材料匮乏的限制,有些新鲜的保质期短的食品(如新鲜牛奶和可生吃的蔬菜等)无法从西方运来,只好将就一些。但有一点足以让他们弥补这一缺憾,那就是中国城郊"聚满了不可胜数的野鹅、雁、野鸭、鹬和其他形形色色的水禽",可以让他们饱猎一顿,满载而归(呤唎《太平天国革命亲历记》,上海人民出版社,1997,16页)。有的西方人则采取一些古怪的组合方式以适应在华的生活环境，如李提摩太在山东青州传教时，随身带着黄油，吃饭的时候把黄油抹在山东煎饼上(《亲历晚清四十五年》，天津人民出版社，2005，65页)，就像今天出国的四川人随身携带着辣酱，实在吃不到川菜的时候，就在西式食品上抹上辣酱以解馋一样。莫理循在四川旅行的时候，也随身携带着几瓶罐头，以备急需(《中国风情》，国际文化出版社，1998，58页)。更多的西方人则呆在住所，亲自动手或指

李提摩太

导为他们服务的中国厨师按照西法制作一顿合口的美餐。19世纪60年代，上海的西方传教士用中文编印了一本《造洋饭书》，介绍了267种西菜西点的做法。该书可能是给他们自己用的，也可能是用来培训为他们服务的中国厨师，在当时颇为流行，四十年后还在再版。《造洋饭书》可以说是我们了解近代在华西方人饮食情况最有价值的参考资料。虽说是西餐菜谱，但也不得不因地制宜地做些改变，其中有一道叫"朴定饭"的，就是用大米作原料，煮熟后又是加牛奶、又是加冻吉士的，是很典型的中西合璧。

在西方人的饮食中，牛奶以及与牛奶有关的黄油、芝士等也是必不可少的，而农耕地区的中国人以前没有喝牛奶的习惯，也不专门饲养奶牛。虽然牛奶也可以通过罐装从欧洲运来，但毕竟不如新

鲜牛奶。于是,在外国人集中的地方,奶牛场应运而生。最晚在19世纪70年代,在上海的外国人就已经从西方引进了奶牛,开办了奶牛场,其中一家英国人开办的奶牛场,拥有奶牛168头,每天可生产1000公升鲜奶(《上海通史·晚清文化》,上海人民出版社,1999,6页)。19世纪末的时候,甚至"距上海一千五百英里的农村"也能搞到牛奶(阿绮波德·立德《穿蓝色长袍的国度》,186页)。

在引进奶牛的同时,西方人还引进了符合自己口味的多种蔬菜,而且大多数是用作生食的。我们今天常见的空心菜、生菜、卷心菜和芦笋等,都是从西方移植过来的。这也从王韬的《瀛壖杂志》中得到了佐证:

> (上海城)北郭外,多西人菜园。有一种不识其名,形如油菜而叶差巨,青翠可人,脆嫩异常。冬时以沸水漉之,入以醯酱,味颇甘美。海昌李君壬叔酷嗜之,曰:"此异方清品,非肉食者能领略也。"蕹菜(即空心菜)一种,亦来自异域,茎肥叶嫩,以肉缕拌食,别有风味。(《瀛壖杂志》,上海古籍出版社,1989,18页)

面包是西方人必不可少的主食,他们甚至把中国的粽子叫做"米面包子"(李提摩太《亲历晚清四十五年》,65页)。有趣的是,中国人则把面包叫做外国"馒头"。英国人亨利·埃凡开设的埃凡面包店在很长时间内就被华人叫做"埃凡馒头店",当时有竹枝词专门讽刺这种外国"馒头":"匀调麦粉做馒头,气味多膻杂奶油。外实中松如枕大,装车分送各行收。"(顾炳权《上海洋场竹枝词》,149页)早期的面包店所用面粉据说还全部是从西方运来的 "原装货"呢(《上海通史·晚清文化》,6页)。

西方人每餐必喝饮料。早期的通商口岸已经有西式饮料厂出现(在《马关条约》签订以前，外国人在中国直接投资设厂尚无条约上的根据，但个别行业不受此限，食品业就是其中之一。这大概是因为中国当局觉得区区食品，无足挂齿，听之任之吧)。从现有的资料上看，西方人最早在中国建立的西式冷饮企业是1853年开设的老德记药房，生产冰激凌和汽水。19世纪60年代在中国开设的西式饮料企业，还有"末士法"苏打水与蒸馏水制造厂、"卑利远也"荷兰水——苏打水制造厂、"正广和"洋行等(孙毓棠《中国近代工业史资料》第1辑，科学出版社，1957，109页)。

早期的青岛啤酒广告

到了清末，以工业化的方式生产葡萄酒和啤酒的企业也在中国建立起来了。烟台的张裕葡萄酒公司创立于1892年(酒师是奥地利人)；哈尔滨的乌卢布列布斯基啤酒厂创立于1900年；日耳曼啤酒公司青岛股份公司(青岛啤酒厂的前身)创建于1903年。所有这些，对于在华的西方人来说当然是一件"十分高兴"的事(《青岛啤酒厂志》，青岛出版社，1993，10页)，因为为他们省去了高昂的运输成本费。

早期的可口可乐饮料广告

近代小说插图中的番菜馆

　　西餐馆中国人也称之为"洋饭店(馆)"或"番菜馆"。前者主要面向西方食客,比较"正宗";而后者多面向华人,实际上是一种中西合璧的西餐,更符合华人的口味。鸦片战争前,在澳门"殖百货"、"临街列肆"(《澳门记略·澳蕃篇》)的葡萄牙人就已经有经营西式餐饮业的,如有一家名叫"圣地亚哥"的酒店,供应"第一流的葡国美食,有马介休鱼加梅子酱、烧猪排焗饭、椰汁咖喱野鸡、番茄烩牛舌等"(李士风《晚清华洋录》,上海人民出版社,2004,85页)。战后被英国割占的香港以及被迫开放的上海等通商口岸城市也出现了西餐馆,较早且名气比较大的西餐馆(或设有西餐厅的"洋饭店")主要有:香港的雍仁会馆、香港大酒店和维多利亚酒店;上海的亨白花园、汇中饭店和礼查饭店等。面向中国人的"番菜馆"出现在19

世纪80年代以后,最著名的有上海的"一品香"以及"四海吉祥春两处,万长春与一家春"(陈无我《老上海三十年见闻录》,上海书店出版社,1997,367页)等十数家。据包天笑回忆,上海福州路一带的番菜馆,不是广东派,便是宁波派。但他们的招牌上,都是写着"英法大菜"。真正的外国大菜,还要到黄浦滩一家写着外国名字的西餐馆去吃,十块钱一客的菜,"在我们家庭中,不值五分钱耳"(《钏影楼回忆录》,山西古籍出版社、教育出版社,1998,535页)。另据郑孝胥日记载,汪康年、康广仁等人曾经邀请他和沪上西方名人立德夫人、李提摩太和福开森到"二十七号洋饭馆"共进晚餐(《郑孝胥日记》,中华书局,1993,632页),这里所说的"洋饭馆"指的应该就是那种"正宗"的西餐馆,一般都写着洋文,当地人多不认得,只好给它们编了号(抑或是"某路二十七号"之意)。

　　第二次鸦片战争之后,北方地区也出现了西餐馆(或设有西餐

(No. 18) The Legation street, Peiping. 北平東交民巷
北京六国饭店(右)

烟台克利顿饭店旧址

厅的"洋饭店")。最早的要数初建于1863年的天津利顺德大饭店（《利顺德大饭店与近代天津》，百花文艺出版社，1991）。19世纪末20世纪初，青岛的亨利王子饭店、北京的北京饭店和六国饭店、天津的起士林餐厅、哈尔滨的马迭尔宾馆、烟台的克利顿饭店等相继创建。实际上，这些"正宗"的高档西餐馆固然主要是面向洋人的，但并不是普通的洋人经常能光顾得起的，倒是吸引着中国的"红顶花翎日日来"（吾庐孺《京华慷慨竹枝词·六国饭店》）。当中国人抱着"西洋风味赌先尝"（顾炳权《上海洋场竹枝词》，429页）的心理去西餐馆尝鲜的时候，许多西方人反而"愿意打破他们日常生活习惯去吃中国菜"（卫礼贤《中国心灵》，国际文化出版公司，1998，266页）。

　　中华美食天下闻名，正如孙中山所说的，"我中国近代文明进化，事事皆落人之后，惟饮食一道之进步，至今尚为文明各国所不及"（《孙中山全集》第6卷，中华书局，1985，160页）。甚至被鲁迅"常常引为典据"（《马上支日记》），以批评中国国民的劣根性而著称的明恩溥也承认："在吃的方面，我们都会毫不犹豫地承认，中国文明远远超过我们西方文明。"（《中国人的特性》，光明日报出版社，1998，316页）鸦片战争后，当受够了"洋气"的中国人看到西方人"红利利"的牛排（《文明小史》第18回）、冰冷还要加冰的饮料、杀气腾腾的刀叉（"未开化"的象征）、没有想象力的菜名、永远是"土豆加牛肉"的单调搭配、"并不承认他们自己有胃"（林语堂《中国人》，学林出版社，1994，327页）的饮食态度，以及面对中餐，"手持一双筷子在盘子周围为夹住一颗米粒而奋斗不已，大出风头"（何天爵《真正的中国佬》，光明日报出版社，1998，84页）的滑稽景象时，自尊心总算可以得到些许的满足。

三、近代国人对西方
饮食文化的认识

导入：

　　他们坐在餐桌旁，吞食着一种流质，按他们的番话叫做苏披。接着大嚼鱼肉，这些鱼肉是生吃的，生得几乎跟活鱼一样。然后，桌子的各个角都放着一盘盘烧得半生不熟的肉；这些肉都泡在浓汁里，要用剑一样形状的用具把肉一片片切下来，放在客人面前。我目睹了这一情景，才证实以前常听人说的是对的：这些番鬼的脾气凶残是因为他们吃这种粗鄙原始的食物。他们的境况多么可悲，而他们还假装不喜欢我们的食物呢！……然后是一种绿白色的物质，有一股浓烈的气味。他们告诉我，这是一种酸水牛奶的混合物，放在阳光下暴晒，直到长满了虫子；颜色越绿则滋味越浓，吃起来也更滋补。这东西叫乳酪，用来就着一种浑浑的红色液体吃，这种液体会冒出泡漫出杯子来，弄脏人的衣服，其名叫做啤酒，你想，这些未开化的人，什么时候才能精通我前边提到的那位美食专家的教导……

——亨特《旧中国杂忆》

　　在中华饮食史上，一向都是善于吸收外来饮食文化，并把它融入到中华饮食文化中，成为中华饮食文化的一部分，其中荦荦大者如对西亚、中亚、美洲地区农作物的移植，对佛教饮食文化的吸收等等。鸦片战争之后,面对着紧跟枪炮而来的带着奶酪黄油味的西方饮食文化,中国人抱着一种复杂且相互矛盾的心理:一方面,中国有着悠久的美食传统,当看到西方人吃着半生不熟的牛排、带着腥膻味的牛奶乳酪、喝着冰冷还要加冰的饮料、手持杀气腾腾的刀叉("未开化"的象征)时,一种蔑视的心理油然而生,再加上饮食本身的固有惯性,国人在对待西式饮食的态度上,表现出的是鄙视与排斥;另一方面,当看到西方人体格比我们强壮、身体比我们健康时,又不禁把它与西方的坚船利炮和强权政治联系起来,认为就如西方人在政治、经济、军事上胜过我们一样,饮食方面一定也有胜过我们的地方。因此,也有人主张吸收西方饮食文化中的"先进"成分,强壮国人的体格,振奋国人的精神,以达到与西方人并驾齐驱的目的。

(一)"番鬼的脾气凶残是因为 他们吃这种粗鄙原始的食物"

鸦片战争后,最早走向世界的那一批中国人如郭嵩焘、曾纪泽、薛福成、张德彝、黎庶昌、斌椿、志刚、祁兆熙、王韬、李圭等,都对西方"与华殊异"的饮食习俗有过不同篇幅的描写和评论,总的来说他们对西餐的评价都不高 (而对西方的其他物质文明却赞叹有加)。如1878年随崇厚出使俄国的张德彝在日记里就抱怨道:西餐又咸又甜,因是朋友请客,只好勉强下咽(张德彝《随使英俄记》,岳麓书社,1986,672页);出使大臣薛福成根据自己的亲身经历列举的为数不多的几项"洋不如华者"中,饮食就是其中之一,说"中国宴席,山珍海错,无品不罗,干湿酸盐,无味不调。外洋惟偏于煎

熬一法,又摈海菜而不知用。是饮食一端,洋不如华矣"(薛福成《出使英法义比四国日记》,岳麓书社,1985,598页)。大体上说,西式饮食给国人留下了以下三个不佳的印象:一是腥膻和生冷;二是使用刀叉给人一种"野蛮杀伐"的印象;三是西方人对于吃过于随便,不够"文化"。

腥膻和生冷是西式饮食的特征之一,初次接触到这类食品的国人对此非常鄙夷和不屑,下面一段描写很有代表性:

> 他们坐在餐桌旁,吞食着一种流质,按他们的番话叫做苏披。接着大嚼鱼肉,这些鱼肉是生吃的,生得几乎跟活鱼一样。然后,桌子的各个角都放着一盘烧得半生不熟的肉;这些肉都泡在浓汁里,要用剑一样形状的用具把肉一片片切下来,放在客人面前。我目睹了这一情景,才证实以前常听人说的是对的:这些番鬼的脾气凶残是因为他们吃这种粗鄙原始的食物。他们的境况多么可悲,而他们还假装不喜欢我们的食物呢!……然后是一种绿白色的物质,有一股浓烈的气味。他们告诉我,这是一种酸水牛奶的混合物,放在阳光下曝晒,直到长满了虫子;颜色越绿则滋味越浓,吃起来也更滋补。这东西叫乳酪,用来就着一种浑浑的红色液体吃,这种液体会冒出泡漫出杯子来,弄脏人的衣服,其名叫做啤酒。你想,这些未开化的人,什么时候才能精通我前边提到的那位美食专家的教导……(亨特《旧中国杂忆》,广东人民出版社,1992,40页)

这里面,"苏披"是带着奶油味的浓汤,把喝汤形容成"吞食着一种流质",是一种很轻蔑的夸张;生吃鱼肉今已不是新鲜事;而"半生不熟的肉"应该指的是牛肉,西餐牛肉的制法讲究七分熟或八分

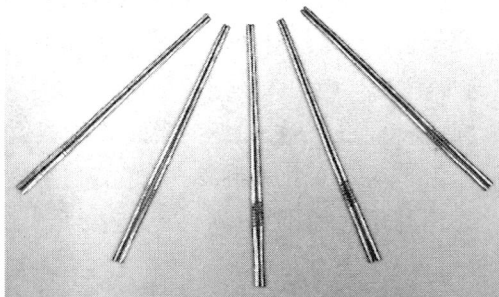

地下出土的元代银筷子（国家博物馆藏）

地下出土的晋代陶勺（国家博物馆藏）

熟，看起来还带着血丝，现在的中国人对此早已不陌生了；"有一股浓烈的气味"的"绿白色的物质"乳酪是西方人常备的食品之一，国人很容易联想到在加工的过程中长毛的传统食品乳豆腐，这里夸张了一些，说它"直到长满了虫子"；啤酒就不用说了，现在中国已经成为啤酒消费大国了，那时的国人还担心这种冒泡的饮料"弄脏人的衣服"。这段描写颇为生动，反映了最初接触西式饮食的

国人的本能感受。

使用刀叉是西方饮食文化留给国人的另一个不佳印象。据说中国古时也使用刀叉，但因有失文雅，不合礼仪，早在商初起就改用"匕"割肉、用"箸"夹菜了。后来则更进一步，菜肴在加工的过程中就已经被切成合口的细片，连"匕"都废弃不用，而只用"匙"舀

汤、用"箸"夹菜(华国梁、马健鹰《中国饮食文化》,湖南科学技术出版社,2004,26页)。因此,筷子被视为文明开化的标志之一,而杀气腾腾的像"剑一样形状"的西餐刀具,则意味着野蛮与好狠斗勇,是"衣皮食肉"风俗的遗存:"西洋人开化在我国之后。当两汉之世,吾国文化已灿然可观,而欧洲北部诸民族,则尚渡其衣皮食肉之部落生活。虽然欧人文化进步迅速,而膳食之习惯,则仍其野蛮之风,观其餐台上所用之刀叉,可见其肉食意味之浓厚。"(吴宪《营养概论》,商务印书馆,1940,96页)由于刀叉给人以"杀伐"的印象,所以在某些场合(如寿宴),国人忌讳使用刀叉,有竹枝词"寿头最怕请西餐,箸换刀叉顶不欢"(顾炳权《上海洋场竹枝词》,190页)为证。晚清"谴责小说"《官场现形记》描写行伍出身的洪大人吃西餐时,"一个不当心,手指头上的皮削掉了一大块,弄的各处都是血。慌的他连忙拿手到水碗里去洗,霎时间那半碗的水都变成鲜红的了"(第7回)。虽是小说家言,但实际上隐含着当时国人对具有"杀伐气象"的西餐刀具的疑虑和恐惧。

在近代国人的眼里,西方人对待饮食的态度不像中国人那样认真和讲究。对中西饮食都很熟悉的林语堂对英式西餐作过如下的讽刺挖苦,很具代表性,可视作中国人对西方饮食评价的经典:

> 英国人不郑重其事地对待饮食,而把它看作一件随随便便的事情,这种危险的态度可以在他们的国民生活中找到证据。如果他们知道食物的滋味,他们语言中就会有表达这一含义的词语,英语中原本没有"cuisine"(烹饪)一词,他们只有"cooking"(烧煮);他们原本没有恰当的词语去称呼"chef"(厨师),而是直截了当称之为"cook"(伙夫);他们原本也不说"menu"(菜肴),只是称之为"dishes"(盘装菜);他

们原本也没有一个词语可以用来称呼"gourmet"(美食家)，就不客气地用童谣里的话称之为 "Greedy Gut"(贪吃的肚子)。事实上，英国人并不承认他们自己有胃。……英国人感兴趣的，是怎样保持身体的健康与结实，比如多吃点保卫尔(Bovril)牛肉汁，从而抵抗感冒的侵袭，并节省医药费。(林语堂《中国人》，学林出版社，1994，327页)

中国菜不仅种类丰富多彩,烹调方法千变万化,而且"文化性"也是很强的,表现之一就是不管是多么普通的菜肴,都可能被冠以富有诗意的名字,如把豆腐番茄青菜汤叫做"珍珠玛瑙翡翠汤"、把黄豆芽炖豆腐叫做"金钩挂玉牌"等等,而西餐的菜名却是一眼就望到底的"某某烤鱼"、"某某炸鸡"之类;中国餐馆的名字也都是意味深长的,如"全聚德"、"菜根香"之类,不像西餐馆那样总是取"倒人胃口的'弗雷德全日餐'、'肯的街角咖啡屋'"(安德森《中国食物》,江苏人民出版社,2003,266页)。因此, 即使是在国事日非的近代中国, 国人对自己具有悠久历史的传统饮食文化也是充满着优越感的。

(二) "菜牛,吃了是不作孽的"

中国历史上的绝大多数朝代都是以农立国的, 而耕牛是农民最重要的生产资料之一,历代都非常重视养牛和对牛的保护(唐启宇《中国农史稿》,农业出版社,1985,250、367、383、445、480、553、604、745页),在缺牛的年代,宰杀耕牛甚至可能被处以"弃市"(《三国志·魏书·陈矫传》)。久而久之,就形成了不吃牛肉的习俗(在农

耕地区似乎也不生产专门用来肉食的菜牛），老一代人至今仍有"不吃牛肉，无论牛奶"的。在农民眼里，耕牛终年为人劳作，太可怜了，不忍心吃它，除非牛意外地摔伤摔死——这是笔者的亲闻亲历，可能在农耕地区具有普遍性。近代著名作家苏青也说在宁波乡下"没处买牛肉，也舍不得把自己耕牛杀了吃，只有某家的牛病亡了时，合村始有牛肉吃"（《苏青散文集》，安徽文艺出版社，1997，38页）。来华西方人也观察到了中国人不吃牛肉的习俗，如16世纪一位西方人在中国南部旅行时发现"这些东西（指肉类）都很丰富，只有牛肉是例外"（博克舍《十六世纪中国南部行记》，中华书局，1990，5页）。晚清著名的西方传教士丁韪良在北京以西的一个地方旅行时，想吃牛肉却遭到旅店店主的反对。丁表示理解，因为此前他已经注意到在中国的南方地区也有这种习俗（丁韪良《花甲忆记》，广西师范大学出版社，2004，183页）。当代著名的人类学家安德森在他的名著《中国食物》里也注意到了中国乃至整个东亚很少吃牛肉的事实（游牧民部落或受游牧影响的民族除外）。安德森认为这种习惯的形成是由于以下

贮贝器上牛的形象依稀传达出农耕社会"牛崇拜"的信息（国家博物馆藏）

几个原因:一是受印度尚牛之风的影响;二是牛太有用了,不能被如此轻视;三是中国的牛肉(传统上来自长期拉犁耕田后死去的牛)味道不好(安德森《中国食物》,140页)。笔者查阅了多种古菜谱,用牛肉作原料的菜肴极少,似可作一旁证。在常见的古典文学作品中,《金瓶梅》和《红楼梦》是以重"吃"而著称的,但里面也极少出现与牛有关的食物。《水浒传》比较特殊,有多处吃牛肉的描写,可能是因为该小说成书于元末明初,作者受了蒙元统治的影响,也可能与小说主人公们低下的社会地位有关。人在饥饿的时候,也就不那么顾忌了。

由此可见,农耕地区的中国人(占总人口的绝大多数)是不怎么吃牛肉的,而牛肉却是西方饮食文化中必不可少的食物原料,因此,双方的饮食习惯存在着文化人类学上的差异。晚清小说《文明小史》第18回有一段从内地来到上海的人拒绝吃牛肉的描写,颇能说明问题:

> 一霎西崽端上菜来,姚文通吃了,并不觉得奇怪,后来吃到一样拿刀子割开来红利利的,姚文通不认得,胡中立便告诉他说:"这是牛排,我们读书人吃了补心的。"姚文通

《文明小史》中的番菜馆

道:"兄弟自高高祖一直传到如今,已经好几代不吃牛肉了,这个免了罢。"胡中立哈哈大笑道:"老同年!亏你是个讲新学的,连个牛肉都不吃,岂不惹维新朋友笑话你么?"姚文通还是不肯吃。康伯图道:"上海的牛肉,不比内地,内地的牛,都是耕牛,为他替人出过力,再杀它吃它,自然有点不忍。至于上海外国人,专门把它养肥了,宰了吃,所以又叫做菜牛,吃了是不作孽的。"

虽然是小说,但实际上是当时社会现实的真实反映,为我们提供了中西饮食文化差异的清晰场景。

中西方饮食文化在文化人类学上的差异,有时甚至还会引发冲突。1927年,毛泽东通过对湖南部分地区的考察发现:"牛,这是农民的宝贝。'杀牛的来生变牛',简直成了宗教,故牛是杀不得的。农民没有权力时,只能用宗教观念反对杀牛,没有实力去禁止。农会起来后,权力管到牛身上去了,禁止城里杀牛。湘潭城内从前有六家牛肉店,现在倒了五家,剩下一家是杀病牛和废牛的。衡山全县禁绝了杀牛。一个农民他有一头跌脱了脚,问过农会,才敢杀。株州商会冒失地杀了一头牛,农民上街问罪,罚钱而外,放爆竹赔礼。"(《湖南农民运动考察报告》)这里说得很清楚,牛本来被农民视为命根子,不杀牛几乎成了"宗教"。可能是由于湘潭是开放商埠、株州是铁路交通枢纽的关系,这两个城市出现了一些需要消费牛肉的外国人或"开风气之先"的中国人,湘潭一度出现了六家牛肉店,株州的商会杀了牛,触动了农民的"宗教"。随着农民运动的开展,牛肉店和杀了牛的商会受到了冲击,牛肉店被迫关张,商会被迫赔钱赔礼。毛泽东的本意是要以此说明湖南农民运动的发展状况,却无意中道出了中西饮食文化的冲突。

（三）番菜："烹饪之法，不中不西"

有人说，"在汉民族的主流饮食文化中，其菜系的格局主要是以猪肉为核心建立起来的，而西方饮食文化则是以海产品为核心建立起来的，成为独特的海洋饮食文化特点"（徐先玲、李相状《西方饮食文化》，中国戏剧出版社，2005，2页），是有一定道理的。的确，与英国这样的岛国相比，中国有着大面积的内陆，这些内陆地区所能获得的食物原料与沿海地区大不相同，最明显的体现就是海鲜的缺乏（今天由于交通便捷，情况有所改变，则另当别论），以至同样是岛国的日本还流传着"山西的猫不吃鱼"的说法。但中国也有漫长的海岸线，沿海地区的饮食文化也同样具有"海洋饮食文化"的某些特征（如海鲜不宜做得过熟甚至干脆生吃），正好与西方饮食文化有某些相似之处。而且在清朝很长的时间里，广州是惟一的通商口岸，澳门又长期作为中西交流的桥梁。因此，我们有理由推测，广东菜可能在近代以前就比较多地受西方饮食文化的影响，并且与西式饮食"合璧"，演变出一些新品种。法国人老尼克在游记里曾经描述了鸦片战争前夕自己在广州十三行享受奢华的西式晚宴的情景：菜肴多是西式的，而厨师却是清一色的中国（广东）人（《一个番鬼在大清国》，山东画报出版社，2004，20页）。也就是说，当时已经有不少粤菜厨师掌握了西餐的做法。

鸦片战争后，西方人在广州以外的通商口岸城市也设立了西餐馆，西餐的制作技法有可能通过在西餐厅工作过的中国厨师引进到中式餐饮业中来。从笔者掌握的天津起士林西餐厅的一段纪实性影像资料上看，当时在制作间内制作西餐西点的十几位厨师

天津起士林西餐厅

中,只有一位是西方人。这些中国厨师在西方厨师的指导下,已经
能够熟练地使用西式的烹饪工具制作西餐西点,如用搅拌机和面,
用打蛋机打蛋,用烤炉烘制面包,用奶油制作蛋糕等等。可以推断,
西餐的制作技法可能通过这些中国厨师引进到中式餐饮业中来,
给中国传统的餐饮业带来一股新风。从晚清民国刊登在报刊上的
餐饮广告中,我们可以看到:有西餐制作经验的"番厨"颇受那些有
革新意识的中餐经营者的青睐,如天津广隆泰中西饭庄发布广告
称,本号"新添英法大菜,特由上海聘来广东头等精艺番厨,菜式与
别不同"(《大公报》1907年4月26日),"广东头等精艺番厨"应该不
是外国厨师,而是有西餐制作经验的中国厨师(粤厨)。这些中餐馆
或者"番菜馆""引进"或"创新"的菜肴,有的已经分不出是西式的

还是中(粤)式的,而且似乎也没有这个必要,因为二者已经融为一体了。在"番菜"最为盛行的上海,人们可能已经不能很清楚地将广东菜和西洋菜区分开来,而通通地将那些具有"海洋饮食文化"特点的菜看称为"番菜"。"一品香"、"海天春"、"四海春"、"万长春"等著名的"番菜馆"所做出来的"番菜",其实都是"粤人仿夷式而制此",并不是正宗的西餐,而是"中(粤)菜西吃"或者"西菜中(粤)做",甚至仅是给中国菜取个洋名。有些中餐馆既没有洋厨师,也没有西餐烹饪的任何知识,只是看到西餐的生意好做,于是也在自己的店前挂上"新添英法大菜"的字样,菜单上也列着抄袭来的西菜名单,其实都是按中国传统的烹饪手法去做的。

这些"番菜馆",经营者是中国人,厨师是中国人,食客也主要是中国人,烹饪手法也是"中国式"的,强调"制法透味"("一言亭番

上海虹口西式菜场(明信片)

菜广告",《申报》1912年8月7日),使华人食客觉得"不会那么血淋淋,望之生畏了"(曹聚仁《上海春秋》,上海人民出版社,1996,248页)。因此,可以比较确定地说:番菜不等于西餐,番菜馆也不等于西餐馆,而只是在菜名、材料和用餐形式(如使用刀叉)上借用了西餐的某些成分。正如徐珂在《清稗类钞》中所说的,"今繁盛商埠皆有西餐之肆,然其烹饪之法,不中不西,徒为外人扩充食物原料之贩路而已"(中华书局,1986,6270页)。

初尝西餐

不仅番菜"不中不西"(说好听一点叫"中西合璧"),近代中国的许多饮品、点心也都是这样。如天津广吉祥号的广告称,"本号不惜功本,置有外国机器,聘请旁通泰西化学饼师,选买上等洋面,精制各式面包、饼食、咸甜罐头、饼干……今再改良,以西式饼之材料制造中秋月饼,不独适口,且花样新奇,至于一切人物、花

标榜"科学炉焙"的冠生园月饼广告

草,均用以外国糖浆推凸,玲珑异常,食之既见爽心,观之更觉悦目,独开生面,与众不同,诚月饼中之特别也"("新式中秋月饼",《大公报》1906年9月9日)。看来中国最传统的食品之一月饼也已经"中西合璧"了。

再如著名的张裕葡萄酒。早期张裕公司聘用的主要技术人员是西方人,主要生产原料葡萄最早也是从欧美引进、在烟台本地培育成功的,是典型的中西合璧饮品。在那些华洋杂处的城市,不少西点和西式小吃成为中国家庭的常备食品,也可以说是另一类型的"中西合璧"。如天津名为"托考斯基"的俄式小吃、"莫斯科硬肠"、"辣肠"、"肝肠"以及由白俄老人提着篮子走街串巷叫卖的甜面包夹火腿肠,颇受中国家庭的青睐(《天津租界谈往》,天津人民

张裕公司大门

张裕酿酒公司旧址张振勋塑像

孙中山给张裕公司的题词

出版社,1986,103页);"起士林"西餐厅走街串巷叫卖的手推糕点摊也颇受中国顾客的欢迎(《起士林百年庆典纪念册》,2001);哈尔滨人很早就已经习惯把俄式面包称为"列巴",把一种梭形的白面包叫做"赛伊克",把一种用麦芽、面包屑或果浆酿制而成的俄式饮料称为"葛瓦斯",并把它们摆上自己的餐桌。

(四)西餐:"高档"、简洁和"文明"

从常理上说,西餐馆应该也有高、中、低档之分,但在半殖民地状态下的近代中国,情况并不是如此,一提到西餐,人们首先想到的是装修豪华、价格昂贵、服务周到(当然看人而定)的高级洋饭店或像起士林那样主要面对洋人或"高等华人"的西餐厅,因为普通百姓很少问津,平添了几分神秘的色彩,"据说北京还有六国饭店,连那儿的狗儿,都是喝牛奶,吃牛肉夹面包的。上海有一家华懋饭店……土老儿连门口都不敢张一张、看一看的"(曹聚仁《上海春秋》,244页)。在一般的老百姓眼里,西餐馆几乎与"高档"、"昂贵"和"神秘"划等号,吃西餐的意义已经超过了"吃饭"本身,而是一种赶时髦、充门面、夸耀财富、显示品位的事情,"遇有佳客,尤非大菜花酒,不足以示诚敬"(虎痴"做上海人安得不穷",《申报》1912年8月9日)。政要人物如袁世凯、徐世昌、段祺瑞、蒋介石等邀请中外名流举行西餐宴会,是为了表明自己的"开通"、"文明"、"世界性",是做给"友邦"看的(其实他们自己并不喜欢吃西餐)。那么,为什么这些人遇到需要显示自己品位的时候非要舍弃美味的中餐而去吃西餐呢?除了"崇洋"的心理作祟外,恐怕还与中餐馆普遍存在"经营管理方法保守,陈设、用具陈旧,格调庸俗,缺乏美感,清洁卫生也差"(董竹君《我的一个世纪》,三联书店,1997,247页)的问题有关。因此,人们宁可舍弃美味也要选择虽然不合口味但格调高雅的西餐馆作为接待贵客的场所。为了打破这种现状,一种既能像西餐馆一样显示格调和品位,又不违背华人口味的中餐馆应运而生,其中以上海的锦江川菜馆最为著名。

"锦江"的创始人董竹君在创业之初,就特别注意避免一般中餐馆的"吵闹、庸俗气氛",在餐馆的内外部设计、装修、色彩、用具、格调等方面进行精心布置,使餐间"曲折雅趣",店堂"玲珑精致",装修豪华而不失雅致,用具光洁而不失古朴,色彩缤纷而不失幽雅;菜式漂亮讲究,色香味俱佳,所用器具洁净雅致,即使小至一双筷子、一根牙签也很清洁而有情趣;尤其在管理制度化方面,很下功夫,要求员工"要有互助团结的精神;每人都应该有善良的品德;不要吸烟、赌博,对工作绝对负责";"待顾客的态度:要求做到和蔼、耐心、有礼貌。并在任何满座的情况下,说话、举止都宜小声、轻步,动作敏捷,忙而不乱,做到整个营业时间没有噪声乱耳,只听到碗碟和脚步声,绝不允许互相瞎聊",已经非常接近于现代酒店的管理方式。这种先进的管理方式有些是中国传统餐饮业固有的,有

些是从日本学来的,但也"适当吸取"了西方的先进经验(《我的一个世纪》,254页)。由于"锦江"一开始就定位高、不落俗套,很快就成为可以与高级西餐馆相媲美的高档中餐企业之一,成了"上海闻人"们最喜欢光顾的餐厅之一。20世纪50年代"锦江川菜馆"(及茶室)扩充为"锦江饭店"后,这种高档的经营方式承续下来并且得到发扬光大,成为上海市政府专门用来接待中央首长和高级外宾的场所,长时间作为中国高级餐饮业的榜样。"锦江"的成功,固然有独创的成分在里面,但西方饮食文化影响的痕迹也是很明显的。

国人对西餐馆的另一个印象是它的简单和雅洁。

中国传统筵席讲究排场,所谓"食前方丈",浪费十分严重。这种习气引发了一些有识之士对国民民族性的反思。这些人士认为,国人过分讲究吃喝并不是一件值得夸耀的好事,而恰恰暴露了民族性中"丑陋"的一面,因为"中国人既然好吃,所以无论大事小事一概都是以'吃'来解决;没有事的时候,也得藉'吃'生出事来,这样,自己就无心做事业了。中国人既然吃好了,自己头脑一昏,倒身一睡,所以甚么事自己也就不能作了"(陈光

饶有风味的西餐

尧《饮食与民族性》,《妇女杂志》第17卷第2号)。一些趋新人士则仿
效西方宴席的形式,对传统筵席进行改革。如无锡某游美归国女
士,"习西餐,知我国宴会之肴馔过多,有妨卫生,且不清洁而糜金
钱也,乃自出心裁,别创一例,以与戚友会食,试视便餐为丰,而较
之普通宴会则俭"。餐桌的布置也模仿西宴,但用的是中国食具,
"食器宜整齐雅洁,案上有布覆之。每座前,杯一、箸二、碟三、匙三、
巾一,凡各器,食时宜易四次"。上菜的顺序,"亦有命意",上完一
道,撤了一道,再上一道,而且注意前后道菜的搭配,如前道菜为荤
菜,下一道就为素菜,"以清口也"。散席之后,进茶进烟,也与西宴
合拍(《清稗类钞》,6295页)。

　西方"文明"的饮食礼仪让中国人耳目一新。《清稗类钞》对此
有详细的描绘:

　　席之陈设,男女主人必坐于席之两端,客坐两旁,以最近
女主人之右手者为最上,最近女主人左手者次之,最近男主人
左手者又次之,其在两旁之中间者更次之……及进酒,主人执
杯起立(西俗先致颂词,而后主客碰杯起饮,我国颇少),客亦
起执杯,相让而饮……食时,勿使餐具相触作响,勿咀嚼有声,
勿剔牙。进点后,可饮咖啡,食果物,吸烟(有妇女在席则不可。
我国普通西餐之宴会,女主人之入席者百不一觏),并取席上
所设之巾,揩拭手指、唇、面,向主人鞠躬致谢。(《清稗类钞》,
6270页)

这里至少蕴涵着两个与中国传统饮食礼俗不同的信息:一是在餐
桌上男女平等乃至女子地位高于男子的特征;二是"执杯起立"、
"先致颂词"、"相让而饮"、"勿咀嚼有声"、"鞠躬致谢"这样一系列

吃西餐

优雅、文明、安静的举动与中餐"爱热闹"的饮食文化形成鲜明的对比。

西方宴席男女主人同时入席，女子地位要比男子高。中国的传统宴席，一般情况下女人没有资格入席，而是另辟餐桌。1878年，中国第一任驻外公使郭嵩焘在伦敦公使馆"仿行西礼，大宴英国绅商士女，令如夫人同出接见，尽欢而散"。消息传到国内，竟然引起了轩然大波。有人藉此攻击郭嵩焘以朝廷大员，令内眷入席陪宴，有失体统，"传闻因此为人弹劾"（刘志琴主编《近代中国社会文化变迁录》第1册，483—485页）。国外尚且如此，如果此事发生在国内，那就不问可知了。

中国虽然有"食不语"的古训，但到了后来，人们早已把这个古训抛到九霄云外了。吃饭讲究热闹，宴会时或者看戏，或者听说书、堂唱，以能博取食客的喝彩为"上档次"。即使是低等的中餐馆，也

116

总有猜拳行令之类的活动,闹闹哄哄,人们不以为不妥。尤其是敬酒,更为"惨烈",正如柏杨所批评的,"世界上似乎只有中国人敬酒的举动最为惨烈,远远望去,好像三作牌正在张牙舞爪修理小民。一个硬是要灌,一个硬是半掩其门,拉着嗓子声明自己是良家妇女,或者拉着嗓子声明自己早已改邪归正,不再喝啦。呜呼,如果有一天劝者尽其分,饮者尽其量,也是减少噪音的一种良法"(《柏杨妙语》,作家出版社,1988,83页),道出了中国传统饮食文化所固有的陋习。

随着西方饮食文化的传入,这种"爱热闹"的中国传统饮食文化受到一些"趋新"人士的摒弃,提出改变这种旧俗的主张。有的人则身体力行,选择优雅、安静的西餐馆而不是热闹的中餐馆作为应酬之所。如著名报人曹聚仁有一时期经常和文艺界的朋友相会于西方人开设的"文艺复兴(咖啡)馆"(曹聚仁《上海春秋》,249页);汪康年、康广仁等人曾邀请郑孝胥和立德夫人、李提摩太和福开森到"二十七号洋饭馆"共进晚餐(《郑孝胥日记》,中华书局,1993,632页)。尽管国人对西餐的口味普遍不抱好感,但对西方"文明"的饮食礼仪还是比较

北京西单的文明茶园

肯定和尊重的,据说"庚款"留美学生在出国前,清华大学的校长还要慎重地亲自对他们进行为期一个月的"吃饭"培训。当然怎样"吃"并不需要这么多时间,主要的还是接受西餐的礼仪训练,包括吃饭时如何保持优雅和安静(陈鹤琴《我的半生》,岳麓书社,1998,58页)。

(五)"以格致之理,推求养生"

18世纪末19世纪初,现代营养学作为一门学科诞生于西方国家,是工业革命和实验科学的成果之一。其特点是建立在实验科学的基础上的,研究人体需要什么样的营养成分?每一种食物都含有什么营养成分?每一种营养成分有什么功用?多少合适?人体如何吸收?吸收多少?等等,都是通过科学实验得出结论、厘定标准。借用梁启超的话说,就是"以格致之理,推求养生"(梁启超《读西学书法》)。现代营养学诞生不久,很快就与西方的传统饮食文化相融合,成为西方饮食文化的主要特征之一。

从19世纪下半叶起,现代营养学的一些知识通过译书传入中国。70年代至90年代江南制造局翻译

女子接受近代教育

馆翻译的《保全生命论》、《化学卫生论》、《延年益寿论》、《孩童卫生编》、《幼童卫生编》等书籍中,包含有营养学的内容(尽管尚未使用"营养"一词)。20世纪初,随着留日高潮的到来,西方的营养学知识同其他许多西方知识一样,从"中转站"日本间接地舶来(可能"营养"这个词也是这个时候借来的),并借助于女子学校教育而得到较为广泛的传播。

中国的女子学校教育起源于西方人在华开办的教会女校,这些女校的学生通常都要接受"家政"(家事)训练,而"家政"课一般都有营养学的内容(薛正《我所知道的中西女中》,《上海文史资料选辑》第59辑,305页)。20世纪初,清政府实行新政,把女子学校教育纳入新政教育改革的主要内容之一。学部颁布的《奏定女子小学堂章程》和《奏定女子师范学堂章程》也都对设立"家事"课有着明确的规定(舒新城《中国近代教育史资料》下,人民教育出版社,1961,814页),这些规定民国后基本上延续下来了。从笔者掌握的几种家事教科书上看,一般都把"营养"放在课程的重要位置上,如

金陵大学校舍

有一套"根据部颁课程标准"而编著的"家事"教材，就包括"食物的种类及其成分和功用"、"食物与年龄的关系"、"小学生的营养"等内容(吴琬《家事》，中正书局，1935)。

20世纪20年代后，一些教会大学还建立起了家政(事)系或设置了家政学课程，如燕京大学设有家事系，齐鲁大学教育学系有"家政学"选修课(《山东济南私立齐鲁大学文理两院一览》，1931,53页)。这些科系所使用的教材多来自西方，内容包括食物学、营养学、疾病营养学、高级营养学等(《私立燕京大学本科各学院课程概要目录》，1936,23页)。毕业的学生多有从事与营养学有关的工作的，如燕大家事系自1932年起每年都要选送一至三名优秀毕业生到协和医院营养部进修一年，取得营养师的职称，并输送到全国各地，参加临床营养、儿童营养、航空营养、营养科研与教学工作(张玮瑛《燕京大学校史稿》，人民中国出版社，1999,273页)。一些教会大学的医学院或医学科设有营养学方面的课程，如金陵大学的医学先修科开设有"食物及营养化学"必修课(张宪文《金陵大学史》，南京大学出版社，2002,241页)。营养学课程的开设，说明国人已经把营养学上升到科学的高度，在中国高等教育史上和科技史上均占有一席之地。

(六)"吾国人苟能与欧美人同一食品，自不患无强盛一日"

救亡图存一直是近代中国的主旋律，而国人的体质康健与否，则一向被认为是很次要的事。众所周知，本来学医的鲁迅有一回在有关日俄战争的电影上看到一群"一样是强壮的体格，而显出麻木的神情"的中国人围着"赏鉴"一位体格强壮、被认为是替俄国人做侦探、即将被日军杀头的同胞的情形,从而意识到"医学并非一件紧要事,凡是愚弱的国民,即使体格如何健全,如何茁壮,也只是做毫无意义的示众材料和看客,病死多少是不必以为不幸的",从此决定放弃学医,改行从事文艺这种"善于改变精神"的事业(鲁迅《呐喊·自序》)。这里说的虽是弃医的事,但不论是医学也好、营养学也好,其根本目的都是为了肉体的健康,二者有共通之处。既然医学如此不重要,营养学就更不用说了。

诚然,在近代中国,由于绝大多数人在国家遭受了奇耻大辱而不知奋进的麻木状态,"改变精神"确实是压倒一切的任务,鲁迅弃医从文的事迹长期以来都被认为是正确选择。在这样的认识下,中国近代那些从事拯救人的"肉体"工作的人几乎被历史学家所遗忘,或者只是作为大人物大事业的不起眼的陪衬,如孙中山、鲁迅、郭沫若的学医经历,恽代英对健康问题的研究(恽代英投身革命前曾在《东方杂志》、《妇女杂志》等刊物上发表多篇研究健康问题的文章,参见《东方杂志》第16卷第3期、《妇女杂志》第3卷第11号等)。其实,在近代中国救亡图存的大合唱中,还是能听到一种微弱的声音,那就是"强身救国"。

在一些人士的眼里,中国之所以贫弱,很重要的原因就是认为东方人的体质不如西方,"走在路上,到处碰到黄萝卜色的脸孔,佝偻咳疮的病态",因此要救国首先要从增强国人的体质入手。而要增强国人的体质,就应该改善国人的饮食结构,增加营养:"外国人的食物比我们少而简,但是他们的躯体却是比我们高大雄健……外国人并没有特别强健的方法,中国人也并不是生来就又黄又瘦,实在是因为太缺少食物化学的智识以及对于食物不晓得去注意选

择、配合、调和而满足我们身体上的要求之故。"(映蟾《新家庭主妇应有的几种常识》,《妇女杂志》第17卷第5号)章绳以也认为:"东亚病夫之名,由来已久,迄今尚未除去,最大原因在食物的营养不讲究。"(章绳以《家事学概论》,中国文化服务社,1946,112页)徐珂说得更加直截了当:"饮食为人生之必要,东方人常食五谷,西方人常食肉类。食五谷者,其身体必逊于食肉类之人。……吾国人苟能与欧美人同一食品,自不患无强盛一日。"(《清稗类钞》,6233页)这类"救国方案"虽不免流于琐屑,大有回避社会主要矛盾之嫌,但毕竟作为近代中国诸多救国方案的"另类"而实际存在过。如果说"存在就是合理"的话,这种"另类"的救国方案也自有其合理处。

实际上,在近代中国,虽然有一部分本来从事拯救"肉体"工作的人转行成为职业革命家或职业"战士",但仍有一部分人在默默地从事着拯救"肉体"的工作。吴宪(1893—1959)就是其中的一位。

吴宪,字陶民,福州人。1916年毕业于美国麻省理工学院,获学士学位,留校任教。1919年毕业于哈佛大学,获博士学位,同年任哈佛大学医学院生物化学研究员。1920年回国,历任协和医学院教授、生物化学系主任、中央卫生实验院北平分院院长、中国生理学会会长等职(《民国人物大辞典》,河北人民出版社,

吴宪

1991,338页），是我国生物化学界和营养学界的前辈权威。

吴宪的贡献之一就是运用西方的营养学理论来分析国人体质不如西方人的原因，进而指明解决之道。他的研究成果集中体现在《营养概论》一书中。在《营养概论》中，他对中国人和西方人(以美国人为例)在吸收人体所需营养素上的差距进行了比较：

(1)中国人食物以谷类为主，热量的十分之八源于谷类，而西方人热量仅十之三四源于谷类；中国人的蛋白质几乎都来自植物性食物，而西方人植物性动物性各一半。因此，中国人从食物中得到的热量、蛋白质表面上看起来不低，但由于植物的消化率低、"生理价值"小，实际被人体吸收的十分有限。因此，中国人所吸收的蛋白质和热量逊于西方人。

(2)西方人膳食中的油脂以奶油为主，奶油最富有维生素，而

酸 (Oleic acid) 游離脂肪酸，在自然界頗罕見（如火腿及牛乳油），經微菌作用而變腥臊味時則含有游離脂肪酸。中性脂肪與鹼質溶接觸則分解而為甘油與脂肪酸之鹼質鹽的肥皂也。

蠟 (Waxes) 為脂肪酸與高級醇 (Higher alcohols) 所結合而成之酯，動物之皮面分泌往往有之。

三燐脂 (Phosphatides) 乃脂肪酸甘油燐酸 (Glycerophosphoric acid) 或燐酸及一種含氮鹼性物之結合物，燐脂為細胞之主要成分但其量甚微，惟於腦及脊髓中甚多蛋黃中亦頗富。

四醣脂 (Glyco-lipids) 為脂肪酸及含氮鹼性物之結合物亦於腦中最多。

五固醇 (Sterols) 為高級之醇質非真正脂肪之屬但其物理性質與脂肪相似，且其新陳代謝似乎與脂肪有密切關係故在生理化學書中往往與真正脂肪相提並論最要之固醇屬於動物者為膽固醇 (Cholesterol) 屬於植物者為麥同醇 (Sitosterol)，膽汁之膽醇，男女之性內泌素及丁種維生素皆固醇之衍生物。

無機鹽 食物完全燃燒（氧化）之後所餘之灰，即為無機鹽類，其大部分為疏酸磷酸炭酸與鉀鈉鈣鎂鐵之化合物矽碘氟銅諸質之化合物雖亦有之其量甚微。

蛋白質、醣、脂肪、無機鹽及水五項佔食物成分百分之九十九以上。但此外尚有其他物質其數量雖微，而生理功效則甚大，即所謂維生素是也。

維生素 已經發現者至少有八種，富其初發現之時，因其化學性質尚未確定故暫以維生素名之，而已經發現者，因其功用之不同而號之為抗乾眼病 (Anti-xerophthalitic) 抗腳氣病 (Anti-neuritic) 抗壞血病或壞血病 (Anti-scorbutic) 抗佝僂病 (Anti-rachitic) 抗血病 抗不育病 (Anti-

《营养概论》中的一页

国人以猪油、豆油和菜油为主,这些油类仅含有少量维生素,因此,国人身体所吸收的维生素逊于西方人;牛奶、鸡蛋和蔬菜中含有甲种维生素(维生素A),国人不吃牛奶,鸡蛋、蔬菜也不比西方人吃得多,所以甲种维生素不如西方人;蛋黄、牛奶富含丁种维生素(维生素D),而国人偏偏不吃牛奶,食物又以缺乏丁种维生素的谷类、豆类为主,所以身体所吸收的丁种维生素不如西方人。

(3)在微量元素方面,牛奶是钙质的最优来源,西方人每天都喝牛奶而国人基本不喝,所以国人所得的钙质比西方人少。

总之,国人从食物中所获得的热量、蛋白质、维生素和微量元素均不如西方人,所以体质也理所当然不如西方人。究其原因,最主要的是因为国人以素食为主,而西方人以肉类、牛奶为主。因此,吴宪主张国人应该改善自己的膳食结构,增加动物性营养的摄入,特别是多喝以往国人不爱喝的牛奶,儿童、产妇尤应如此。

《营养概论》还运用人类学家的调查结果,来旁证荤食优于素食。人类学家通过对非洲两个条件相近的部落的调查发现,食用牛奶、肉类为主的部落明显要比食用谷类、水果为主的部落在高度、体重和膂力上占有优势,而且身体也健康得多。

由于现代营养学理论是在不断发展的,从现在来看,吴宪的理论在某些方面可能是过时的,但我们不应该忽视这样一个基本前提:吴宪所处的时代和现在大不相同,当时的社会状况是国人普遍营养不良、动物性营养的摄入普遍不足,与现在许多人营养过剩、动物性营养摄入过多的情况完全不同。因此,在当时的社会状况下,吴宪的营养学理论是有针对性的,对提高国人的健康水平无疑是有帮助的。

（七）馀 论

总之，近代以来，西方饮食文化对中国饮食文化产生了一定的影响，后者对前者既有吸收又有排拒：吸收的是西方饮食文化中的"科学"（"营养学"）、"文明"的成分；排拒的是它"野蛮"的成分、不合中国民俗的成分。但从总体情况上看，西方饮食文化的传入，并没有也不可能较大地改变中国人数千年时间养成的饮食习惯。中国饮食文化"吸收"西方饮食文化的程度如何？我们很难从"量"上去考查，但可以肯定的是，这种"吸收"是非常有限的；若从"质"上看，所谓的"吸收"，也不过是把西餐、西点和西式饮料"改造"成符合中国人口味的新食物，而不是原原本本的照搬，更不可能取中餐而代之。而对西方饮食文化中的"科学"和"文明"成分了解的人，更是寥寥无几（仅局限在大城市的知识阶层中）。一个富翁也许经常吃西餐、一个黄包车夫也可能偶尔尝一片面包，但恐怕他们根本不会想到这里面还隐藏着什么"科学"或"文明"。一般来说，在社会生活的各个方面中，"食"是最少带有时代烙印的，过去吃的东西跟现在吃的东西没有多大区别。近代从西方传进来的带着奶酪黄油味的饮食文化，虽然使一些"趋新"人士对它"津津乐道"，但对中国的传统饮食文化并没有产生多大的冲击，只不过增添了一道"异味"罢了，很多人只是偶尔尝一尝，然后依然如故，吃他的家乡菜。

四、石头与木头

——对中西建筑文化的比较认识

导入：

> 穿过宽阔的马路，在一排排柳阴的背后，隐约可见宏伟的楼房，它们意味着力量与财富。它们太过富丽堂皇了，感觉不太像是我们的家。它们只能唤起我们的注意，而不可能引起对英国人的好感。它们是巨大的直尺与圆规的产物。中国人对我们的印象，相当于我们对这些建筑物印象的十倍……在他们眼里，我们是机械的、威严的和可怕的。
>
> ——阿瑟·考纳比《华中漫游》

鸦片战争前，已有零星的、个别的西式建筑(如圆明园内的"西洋楼"、广州的"十三行夷馆"等)出现在中国。鸦片战争后，随着列强在中国建立租界，西洋风格的建筑开始大量地输入中国，中国建筑史进入了一个新的历史阶段。面对着高大张扬的西洋建筑，起初国人来不及认真审视和仔细消化，产生了莫名的自卑感，并在许多

西方人心目中的"中国宫"(之一)

西方人心目中的"中国宫"(之二)

地方掀起了盲目模仿西洋建筑的风潮,从而"酝酿出光宣以来建筑界的大混乱"(梁思成《建筑设计参考图集序》,《梁思成文集》第2册,中国建筑工业出版社,1984,221页)。20世纪20年代以后,随着第一批现代建筑师从海外学成归国并逐渐成熟,在新民族主义的感召下,他们经过艰苦的努力和科学的工作,重新"找回"了中国传

西方人心目中的"中国亭"

统建筑之美。一些"深刻的(西方)学者"和西方建筑师经过"慎重研究"和"细心体会"后(林徽因《中国建筑之几个特征》,《中国营造学社汇刊》第3卷第1期,164页),得出了比他们的前辈更为中肯的结论,并营建了一批较好地将中西建筑优点结合在一起的中西合璧的建筑(群)。

(一)"这个国家实在没有任何堪与其人民和文明相称的建筑"

西方历史学家福格森在《印度和东方建筑史》说,"这个国家(中国)实在没有任何堪与其人民和文明相称的建筑"(引自赖德霖《中国近代建筑史研究》,清华大学出版社,2007,249页),很能代表一部分西方人的看法。中国人中也多有持此类观点的。概括起来,他们对中国传统建筑的批评主要集中在以下几个方面:

1. 匠人地位太低,缺乏创造性

中国古代"对营造工事,视等卑役"(殷信之《筹建建筑银行缘起》,《建筑月刊》第2卷第1号,1934,53页),在匠籍制度下的中国工匠,形似工奴,而且子孙承业,不得脱籍改业,社会地位十分低下。

中国的古籍虽然汗牛充栋，但"蔑视工巧，讳言匠事"，"《周礼·冬官大司空》之所掌则在建邦之事，书缺简脱，汉儒纂补，《考工记》仅缀绪论，未能加详，马班作史，网罗万事，独未及百工，鲁班遗书，工家崇为圭臬，而参涉谬妄等于郢书燕说，故百工之业简陋不备，无一可传，殆为神州之绝学矣"（唐文治《建筑新法·序》，引自赖德霖《中国近代建筑史研究》，183页）。因此，"数千年来的(中国)匠师们，在他们自己的潮流内顺流而下，如同欧洲中世纪的匠师们一样，对于他们自己及他们的作品都没有一种自觉"（梁思成《建筑设计参考图集序》，《梁思成文集》第2册，220页）。遵循固定的法式、则例，设计"缺乏创意，世世代代都沿用一种款式，只是出于建筑位置的需要或者建筑面积的局限而稍作修改"（丁韪良《花甲忆记》，广西师范大学出版社，2004，153页），风格单一，千篇一律，"从宫殿到茅舍、庙宇和私人住宅，到处都是这般式样"（卫三畏《中国总论》，上海古籍出版社，2005，506页）。

而在欧洲，建筑师(可能同时又是科学家、艺术家、人文学者)的地位很尊崇。教皇曾经颁发亲笔敕令，赋予米开朗基罗在主持圣彼得大教堂工程时有随意设计的权力，可以拆除已经建造的部分，也可以加以增补，全体建筑人员必须听命于他。米开朗基罗逝世后，工程尚未完工，教皇又下令"米开朗基罗所规定的一切，绝不可以稍加修改"（陈志华《外国建筑史》，中国建筑工业出版社，2004，169页）。意大利著名的建筑师、被时人称为又一个米开朗基罗的伯尼尼，被教皇封为骑士。教皇自豪地称："如今我更大的幸福是骑士伯尼尼将在我在位期间住在教廷里。"在人们的眼中，伯尼尼的名字与罗马那些不朽的建筑物同在，"伯尼尼为罗马建筑，罗马因伯尼尼而扬名"（陈志华《外国建筑史》，180页）。这即使是那些

为中国皇帝设计皇宫禁苑的中国顶级建筑师，都是难以望其项背的，更何况是一般的民间能工巧匠。

2. 木构建筑存在着致命弱点

"蜀山兀，阿房出"，中国传统建筑采用木架构法，木头是主体、骨干，是承重的，墙壁"如皮肉之附在骨上"（梁思成《清式营造则例》，引自杨永生编《建筑百家杂识录》，中国建筑工业出版社，2004，9页）。木材难以经受长时间的风雨和水火的考验，经不住白蚁、老鼠的啃食（在南方地区，这种情况更严重），坚固、长久很成问题。因此，一般情况下，中国人的住宅"在使用时间的设计上不超过主人自己的寿命"（马森《西方的中国帝国观》，时事出版社，1999，339页）。近代来华的一位外国传教士在中国的南方地区见到某些沿江、沿河搭建的吊脚楼，"极像潘趣和朱迪（英国传统滑稽木偶剧中驼背木偶）的演出，较矮的部分有木桩支着，很多房屋倾斜得很厉害，经常一起倒下来"（罗·威廉《汉口：一个中国城市的商业和社会》，中国人民大学出版社，2005，32页），觉得非常的不可思议。

火灾是木构建筑致命的缺点之一，"设一不慎，则数十百家同时煨烬，从无一二家即止者"（徐珂《清稗类钞》，中华书局，1984，191页）。从远的说，历史上许多赫赫有名的建筑早已灰飞烟灭，甚至确定遗址都很困难。从近的说，能保留数百年并且仍然具有使用功能的木构建筑也是很有限的。初建于明初的紫禁城，有很多建筑物都是在火灾后重建的（当然也有后来新建或因其他原因损毁重修的），其实我们今天已经很难寻觅到明时的旧物了。圆明园在第二次鸦片战争中被英法联军烧毁，园中大多数雕梁画栋的木质建筑都毁于一炬，只有那些"有名而丑劣"（范文照《中国建筑

"火烧圆明园"后劫后馀存的西洋建筑(一),现在这样较为完整
的残存的遗迹见不到了。

的魅力》,《建筑百家杂识录》,6页)的"西洋楼"因为使用石质材料
而保持着一定程度的主体结构。我们可以从圆明园劫后十几年所
拍摄的照片上看出这一点。今天我们所见到的残迹,其实是民国之
后经过一次又一次的浩劫才形成的。正如向达在1931年所说的,
"圆明园兵燹以后,以地为禁苑,残迹历历,尚有可见,其荡然无存,

劫后馀存的圆明园建筑遗迹(二)

盖近十餘年间事耳"(向
达《圆明园遗物文献之展
览》,《中国营造学社汇
刊》第2卷第1期,1931,2
页)。

　　而作为西方建筑文
化之源的古埃及、古希
腊、古罗马建筑,历经数
千年的岁月,依然保留着
较多的遗存,一些数百年
前的建筑物仍然具有使
用功能,这显然主要得益
于它们坚固的石质结构。
20世纪初,康有为游历了
欧洲特别是罗马以后,看
到罗马"二千年之颓宫古
庙,至今犹存者无数。危
墙坏壁,都中相望",联想
到中国历史上的多少著
名的巍峨宫殿、亭台楼
阁,早已灰飞烟灭,无限
感慨,认为最大的原因就
是罗马的建筑都是石构
的,而中国的建筑却是
"以木为主,而砖瓦为

劫后餘存的圆明园建筑遗迹(三)

劫后餘存的圆明园建筑遗迹(四)

从""架木既难久,架一毁坏,而砖壁随之"。"一星之火,数百年之古殿巍构,付之虚无"。从而"令我国一无文明实据,令我国大失光明"。因此,康有为主张中国的建筑广用石材,"此后新构广场、公所,皆为万国所观瞻。故国体攸关,当求壮丽,且使经营久远,以示将来。所有大工,宜开山伐石,以成巍构。其馀民屋,皆宜崇尚石筑,以争光荣"(康有为《欧洲十一国游记二种》,岳麓书社,1985,115—121页)。在当时的情况下,康有为的思想颇有前瞻性。

中国人为什么喜欢用不耐用的木材建造房子?这对西方人来说,是一个谜。一位英国建筑师的概括很有意思。他说,同发源于幼发拉底河、尼罗河和印度河两岸的文明相比,发祥于黄河流域的中国文明,"土地似乎是无边无际、毫无阻隔的,几乎没有沙漠,只有

欧洲某博物馆收藏的圆明园建筑构件

森林让人们感到危险……南方气候太炎热，又遍布深不可测的深山密林"，"其疯狂的生长速度让人非常头疼，人们不得不经常砍伐一些树木，然后用它们来建造房子"。所以中国的房子多为木结构。另一方面，中国人喜欢用木材，是因为在木材上更容易进行加工——只有在木材上才能雕刻出复杂的纹饰(斯蒂芬·加得纳《人类的居所——房屋的起源和演变》，北京大学出版社，2006，84、85页)。但这样的解释并不能令人满意。因为，后来随着人口的增加，森林资源变得匮乏之后，为什么中国还坚持以木构建筑为主？福格森的解释可能更有道理，他说："中国人从来没有占统治地位的僧侣，也没有世袭贵族。没有当权的僧侣阶级，这一点很重要，因为建筑有赖于宗教性艺术的最高灵感，处于强大等级制度的影响下，宗教性艺术从来不会得到有力的发展。缺乏世袭贵族，对于建造耐久性的民用建筑同样是不利的。直到近代为止，没有出现过非官职的封建主和私斗，因此不存在碉堡和设有防御工事的大楼，在西方，这类建筑规模宏大而坚固，成为某一阶级私有建筑的突出特征。"(卫三畏《中国总论》，507页)福格森的话后来被来华的西方人和中国的建筑师反复引用，影响颇大。

3. 结构、功用不科学

"忽视基础"是中国建筑为世诟病的缺点之一。"中国的建筑师不可避免地具有两大缺陷，即地基的挖掘过浅……经常能看到，一堵砖墙几乎是平地而起，几乎没用什么石灰，而同样的状况下，外国承包商必定会挖掘出一条沟……在其中筑好地基，他们所考虑的是结实、稳固，而中国建筑者们所考虑的则主要是原料"(明恩溥《中国人的特性》，346页)。"忽视基础"的直接后果引起的功用上的不合理——阴冷、潮湿："中式房屋最大错误，即屋之基础力求经济

省费,结果终年潮湿,不可避免。"(朗琴译编《中国之变迁》,《建筑月刊》第2卷第2号,1934,44页)

缺点之二是采光不足、通风不畅、拥挤嘈杂。外国人说"中国人房屋最糟糕的特点是采光设施差"(马森《西方的中国及中国人观念》,178页)。"很少房子在对着南边大门的正北也安一扇门,如果这样的话,必定会使空气流通,使屋内更通风并可减轻三伏天酷热的痛苦"(明恩溥《中国人的特性》,115页)。而且"华人对于拥挤和嘈杂,视之若无其事。西人见之,殊称奇不止"(朗琴译编《中国之变迁》,《建筑月刊》第2卷第2号,44页)。建筑师过元熙也说,"(中国)旧式住宅,则地铺土砖,阴湿极点,高顶椽屋,光线不足。夏暑无通风之方法,冬寒无使暖之器具,均为病疫之原,而床椅桌凳,均不顾安适。至若厨厕水火之卫生设备,则更置之度外矣"(过元熙《新中国建筑之商榷》,引自赖德霖《中国近代建筑史研究》,185页)。

对于这些缺点,早年来华的西方人把原因归结为中国人"不求舒适与方便"的特性(明恩溥《中国人的特性》,111页)和"在知识和审美力方面的不足"(卫三畏《中国总论》,506页)。

4. 舒适的原则让位于礼教和"风水"

苏格拉底有一句名言:"一个人在为自己造房子的时候难道不应该考虑到住在里面的时候尽量地舒服和方便吗?"(陈志华《外国建筑史》,59页)中国的先人未尝不想住在舒服的房子里,用木质材料本身也就是为了住起来更舒服一些。但大约是由于中国人自古重礼教、讲风水,有时反而将居住舒服的功能让位给了礼教、秩序和风水。

"在中国传统社会中,把建筑看作是梳理世界秩序的手段,特别是梳理社会秩序的手段"(王鲁民《中国古代建筑思想史纲》,湖

北教育出版社,2002,88页), 中国建筑讲求 "辨方正位"(坐北朝南)、前卑后高、中轴布局、左右对称、主次分明、内外有别(《墨子·辞过》:"宫墙之高足以别男女之礼")、等级有序。为了遵守这些"规矩",有时候就可能要付出失去舒适的代价、湮没居住者的人性。雄伟高大的宫殿起着"使藩属望而生畏"的作用(梁思成《中国建筑史》, 百花文艺出版社,2005,414页), 是 "统治者用来威吓百姓的……连皇帝自己也怕它那种光怪陆离严肃堂皇的面孔, 而情愿在园苑里住着那灰色、卷棚顶无斗拱华饰的房子"(刘致平《先民居住建筑之经验》,《建筑百家杂识录》,17页)。而衙门则给人以森严、肃杀和神秘莫测的气氛。即使是一般民居,也是"升堂入室,宛如官衙"("华海工程师宴客并论建筑",《申报》1924年2月17日),"正房的老祖宗只要咳嗽一声, 全四合院上上下下一切人等就全要一起随着惊动,四合院永远是最高权威行使权力最理想的地方","时时提醒你不要忘了自己的地位"(林希《老天津》, 江苏美术出版社,1998,99页)。

　　古人建房特别讲风水、图吉利,重视五行八卦方位的安排,追求多福多寿。"风水"的情况比较复杂,有的也是为了舒服,讲究建筑必须与自然环境相协调,有一些合理成分,但有的则纯粹出于迷信,是反科学、与舒适的原则相背离的。有则流传甚广的故事很能说明问题。据说孙中山青年时不顾"风水",亲自设计改建了一座坐东朝西的新房(依当地"风水",房子应是坐西朝东的),并在梁下开窗通风(依"风水"之说,梁下开窗是破财不吉利的)。新房视野开阔、采光良好、凉爽通透,然而却引来一些守旧村民的非议,有的叹息道:"花这么多钱,建一间这样的房子,真是可惜啊!"有的摇头说:"周围走通又背向,住人不吉利喽!"(林华煊编著《革命先驱起翠亨——孙中山故居纪念馆》,中国大百科全书出版社,1999,55—60页)可见,在一些人的眼里,"风水原则"是远远大于舒适原则的。

(二)"中国人对我们的印象,相当于我们对这些建筑物印象的十倍"

有人说,"罗马不是一天就建成的,而上海是"。近代以来,随着中国的被迫开放,世界上各个不同历史时期、不同风格的建筑都一股脑儿地搬到了中国,遍布于各地的租界或类似租界中。它打破了中国建筑史的发展规律,也打破了西方建筑发展的惯有程序和固有周期,有如"错剪到中国建筑历史拷贝上的'蒙太奇'"(陈纲伦《从"殖民输入"到"古典复兴"》,《第三次中国近代建筑史研究讨论会论文集》,中国建筑工业出版社,1991,163页),令人目不暇接。有人把洋楼林立的上海外滩誉为"万国建筑博览会",可谓名副其实。其实在近代中国,北京东交民巷使馆区、哈尔滨中央大街、

北京东交民巷西式建筑

大连某西式建筑

大连日本正金银行大楼

大连英国风格的建筑

天津某西式建筑

天津金融一条街、广州沙面、汉口长江沿岸……等等，都是西洋建筑的聚集区，也都有"万国建筑博览会"之称。人们把上海称为"东方的纽约（或巴黎）"、把汉口誉为"东方的芝加哥"、把哈尔滨形容为"东方的莫斯科"、称青岛为"东方瑞士"……等等，也多半与这些城市建筑的表面上的洋化有关。

西洋建筑以完全不同于中国传统建筑的面貌出现在中国大地上，它们不仅仅代表着一种建筑风格，更象征着一种文化强势。西洋建筑雄伟挺拔的气势，与中国传统建筑的低矮、简单形成强烈的反差，给人一种前所未有的刺激和震撼。汉口的一位西方侨民写道："穿过宽阔的马路，在一排排柳阴的背后，隐约可见宏伟的楼房，它们意味着力量与财富。……它们是巨大的直尺与圆规的产物。中国人对我们的印象，相当于我们对这些建筑物印象的十倍……在他们眼里，我们是机械的、威严的和可怕的。"(阿瑟·考纳比《华中漫游》，引自罗·威廉《汉口：一个中国城市的商业和社会》，66页)这位西方人的口吻带着明显的优越感，但还是比较恰当地概括了国人对西方建筑物的直观感受以及隐藏在直观感受后面的心理震撼。这可以从国人自己的描述中得到印证。

近代流行于上海洋场的竹枝词有很多是夸赞西洋建筑的高大、雄伟和强势的，如"洋楼更比蜃楼好，谁读坡仙海市诗"、"洋楼金碧耀生光，铁作栏干石作墙"、"高阁三层傍水偎，玻璃四面绮窗开"、"峨峨公廨压江滩"、"海气濛濛月上升，万千杨柳万千灯。

上海东方江理银行大楼

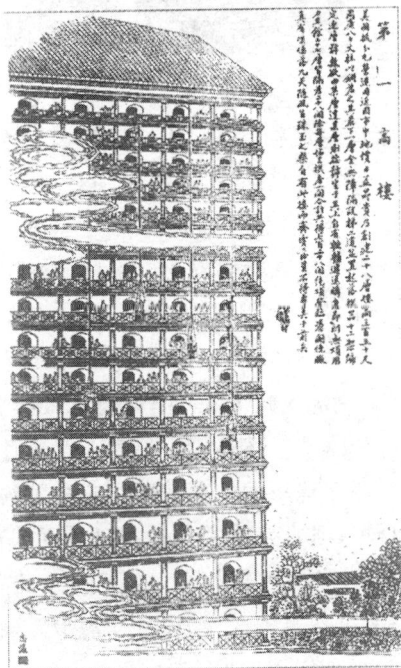

国人想象中的摩天大楼

上海交大图书馆

满江皇浪翻空影,照入朱楼十二层”、“教堂高立笔尖峰,屋宇红墙砌万重”(顾炳权《上海洋场竹枝词》,48、54、73、79、101页)等等。王韬早年也用“楼阁峥嵘,缥缈云外,飞甍画栋,碧槛珠帘”(王韬《漫游随录》,岳麓书社,1985,58页)来描述上海的租界。王锡麒北上赶考途经上海租界,在日记里记道:“洋楼有高三层者、四层者、五层者,金碧迷离,境各异态,珠宫贝阙,谅不过是。”(王锡麒《北行日记》,《清代日记汇抄》,上海人民出版社,1982,332页)

这些描述很能反映时人普遍存在的一种心态,语气中充满着对西洋建筑的羡慕和赞赏,隐隐约约地透露出对中国传统建筑的自卑。那些由中式住房搬迁到西式住房的人更是“欣欣然现得意之色”,“莫不欢悦相告,喜形于色,此后除非遇绝大变故,或家况惨落外,决不愿再迁入旧式住房,殆无疑义,以是可知洋式房屋,实有甚大之吸引力,如窗户之四辟,楼房之舒适,自来水盥洗盆、抽水马

桶、唿浴盆等设备,均属应用便利,清洁而无污浊之存留,足使住房
之人,易于养成卫生清洁之习惯,故欲使之重返其故居,已觉格格
不相入,其曾受教育之知识分子,尤将感觉难堪"(竞舟《国人乐住
洋式楼房之新趋势》,引自赖德霖《中国近代建筑史研究》,189页)。

人们在赞赏西洋建筑的高大、华美和居住舒适的同时,也透过
这些物化现象,去捕捉建造或者拥有这些洋楼的洋人的民族性,
王统照在他《青岛素描》里对德式建筑和德意志民族作了这样的
评价:

德国的建筑移殖到中国来,当然青岛是一个重要地方。……
盖洋楼,自然是在几层上面,有尖角,有石柱,有雕刻,有突出
嵌入的种种凉台,窗子,统名之曰洋楼而已。实在直到现在,凡
是留心的人还能由这些先建的洋楼上,看出德国人的沉鸷刚
勇的气概。例如青岛著名的建筑物,现在的市政府与迎宾馆,

青岛原胶澳总督府

20世纪初设计的"洋风"建筑门面——今北京动物园大门

杨柳青石家大院一角

某建筑内的西式喷水池

以及当年德国人的军营,现在的山东大学与市立中学校。那些建筑物,除掉具备坚固方正、匀称、高大的种种相似之外,你在它们旁边经过,就觉得德国人凡事要立根很深的国民性有点可怕!……一切事他们早打定了永久的计划,所以都从根本上着想,建筑也是如此。……有形式与作风,自古代,建筑是与音乐、绘画、并列入文艺之内的。因为它表现着时代精神与人民生活性的全体,而愈长久的建筑物却愈代表那一个国家一个地方的最高文化。端庄中具有稳静的姿态,严重形式上包含着条理与整齐,不以小巧见长,同时也不很平板。(王统照《青岛素描》,《客居青岛》,青岛出版社,1999,6页)

由于近代以来屡战屡败的现实，面对着紧随着枪炮而来的西风和西潮，人们还来不及认真审视和仔细消化，很容易从过去的盲目自尊变成盲目自卑，得出"凡是西方的都是好的"的结论，在对中西建筑的比较认识上更明显地暴露出了这一点。清末民初，在"大江南北，莫不以洋为尚"(陈作霖《炳烛里谈·洋字先兆》上，十竹斋1963年重印本，10页)风气的驱动下，许多城市出现了盲目仿效西式建筑的高潮。正如梁思成所说的，"19世纪末叶及20世纪初年，中国文化屡次屈辱于西方坚船利剑之下以后，中国却忽然找到了'凡是西方的都是好的'的段落……于是'洋式楼房'、'洋式门面'如雨后春笋，酝酿出光宣以来建筑界的大混乱"(梁思成《建筑设计参考图集序》，《梁思成文集》第2册，

原陆军部(清末)之一

原陆军部(清末)之二

原陆军部(清末)之三

221页)，这种"大混乱"状态在有的地区延续到20世纪30年代。邓子琴《中国风俗史》也载："晚清园亭，亦参以西式建筑，而通都大邑，几于触目皆是。"(邓子琴《中国风俗史》，巴蜀书社，1988，333页)

由于中国设计者和工匠的水平有限，他们虽然有热情、善变通，但毕竟对西式建筑的特点理解有限，造出来的房子要么"西式其表，中式其中"，要么在采用西式建筑立面构图的同时渗入中国传统的吉祥、富贵、多子多孙等内容的图案，显得不中不西。如雕饰

杨柳青石家大院的现代因素

着繁复的雕龙图案的北京农事试验场（今北京动物园）大门；被温州人戏称为"外面洋房式，里面看不得"（外表像西式，而里面却是传统形式的木构架，骨子里还是觉得西式的好，只不过由于技术或财力达不到而不能完全"西化"，留下了遗憾）的洋面建筑(赵国权《西方文化对温州近代建筑形态的影响》，张复合主编《中国近代建筑研究与保护》第5册，206页)；建筑整体设计风格采用典型的巴洛克风格，而平面形式仍为传统的三堂四横屋的粤北客家新型土围子(姜省《岭南乡土建筑近代化特征概论》，《中国近代建筑研究与保护》五，160页)；哈尔滨等东北城市"过分装饰"的"中华巴洛克"建筑(侯幼彬等主编《中国近代建筑总览·哈尔滨篇》，中国建筑工业出版社，1992，15页)。有人形容这一类房子"不中不西，非驴非马，殊属贻笑

大方！"(杜彦耿《营造学》,《中国营造学社汇刊》第3卷第2期,
1935,38页)梁思成也认为它们是"将洋式的短处来替代中国式的
长处,成了兼二者之短的'低能儿'"(梁思成《建筑设计参考图集
序》,《梁思成文集》二,221页)。当然,这一类建筑代表了一个过渡
阶段、一种建筑类型,不乏历史价值和工艺价值,该保护的还是要
保护,那是另一码事。

外国建筑师则正好相反,他们想模仿中国建筑,"却不知精粹
所在,只认定其最显著的部分——屋顶为建筑美的代表,然后再把
这屋顶移置西式堆栈之上"(见陈纲伦《从"殖民输入"到"古典复
兴"》,《第三次中国近代建筑史研究讨论会论文集》,169页),从而
建成了许多不伦不类的建筑,就像"苏格拉底戴上中国瓜皮帽或孔
夫子穿上西式晚礼服"(范文照《中国建筑之魅力》,《建筑百家杂识
录》,6页)。

(三)"在那树木蓊郁之中,露出红楼一角, 这种环境是何等幽雅而有诗意"
——对中国固有建筑形式的重新认识

经过"光宣以来建筑界的大混乱"之后,民国以后,特别是20世
纪20年代以后,中国的知识分子在一浪高过一浪的新民族主义运
动("五卅运动"、国民革命)的感召下,开始对中西建筑文化重新进
行了反思。其中以在欧美接受过现代建筑学正规教育、被业内人士
誉为"得中国建筑之真谛"(《中国建筑》第2卷第1期"卷首弁语",
1934)的梁思成、林徽因夫妇出力最勤。30年代初,梁、林二人在对

"在那树木蓊郁之中,露出红楼一角,这种环境是何等幽雅而有诗意?"

中国古代遗存下来的建筑物进行了实地考察、认真研究之后,对中国传统建筑的特点有了比较清晰的认识。林徽因在《论中国建筑之几个特征》(发表时署名林徽音,实际上应是梁、林两人共同的研究成果) 中说:"后代的中国建筑即达到结构和艺术上极复杂精美的程度,外表上却仍呈现一种单纯简朴的气象,一般人常误会中国建筑根本简陋无甚发展,较诸别系建筑低劣幼稚。这种错误观念最初自然是起于西人对东方文化的粗忽观察,常作浮躁轻率的结论,以致影响到中国人自己对本国艺术发生极过当的怀疑乃至于鄙薄。"中国建筑的优点,"绝不是在那浅显的色彩和雕饰, 或特殊之式样上面,却是深藏在那基本的,产生这美观的结构原理里,及中国人

的绝对了解控制
雕饰的原理上"
(《中国营造学社
汇刊》第3卷第1
期,164、166页)。
中国的传统民居
结构符合中国
"传统习惯与趣
味:家庭生活,生
活程度,工作,游
息,以及烹饪,缝

诗意的一角

纫,室内的书画陈设,室外的庭院花木,都不与西人相同",不必"削
足就履"(梁思成《为什么研究中国建筑》,《凝动的音乐》,百花文艺
出版社,1998,212页)。对于中国建筑使用木材而不求久远,梁思成
的解释是,中国自古就没有像埃及人那样去刻意追求永久不灭的
工程的传统,而是"安于新陈代谢之埋,以自然生灭为定律;视建筑
且如被服舆马,时得而更换之"。一旦失慎被焚,则"视为灵异天谴,
非材料工程之过"(梁思成《中国建筑史》,12页)。对于中国建筑千
篇一律的问题,梁思成的解释也很有意思。他说,中国的佛寺和住
宅建筑形制之所以相同,是因为中国的佛寺不像西方的教堂那样
是预备很多人听讲用的,"而是给佛住的,所以佛殿是佛的住宅,与
我们凡人的住宅功用相同,差别不多"(梁思成《我们所知道的唐代
佛寺与宫殿》,《中国营造学社汇刊》第3卷第1期,1932,80页)。至于
中国建筑几千年来"仍然保存着它固有的结构方法及布置规模,始
终没有失掉它原始面目"的问题,他们认为这种现象正好说明中国

传统建筑是"极特殊、极长寿、极体面的"(林徽因《中国古代建筑的特征》,《建筑百家杂识录》,9页)。

与梁、林看法相似的人士还有很多。朱桂莘在营造学社的一次座谈会上说,"在那树木荟郁之中,露出红楼一角,这种环境是何等幽雅而有诗意!但只有中国式的建筑方克臻此。若以新式的立体建筑物代之,非但无何美感,更觉如公墓中竖立着一块方正的墓碑,全失去自然的风姿"(杜彦耿《座谈追述》,《中国营造学社汇刊》第4卷第3期,1936,3页)。范文照也认为中国宫殿是"在自然环境中出现的优美屋顶曲线及表面给人带来了安宁的舒适及和谐"。如果将这些"大屋顶"拿走,则这种情感(安宁的舒适及和谐)也就烟消云散。而支托屋顶的"有节奏的柱列"以及"令人注目的安宁的白色台阶",也是"安和感的完美的源泉"(范文照《中国建筑之魅力》,《建筑百家杂识录》,6页)。对中西方文化都有透彻了解的林语堂,则用诗化的语言来比较中西建筑文化的差异,颇能代表那一代部分知识分子的思想,摘录如下,与读者共欣赏:

> 大自然永远是美的,但人类的建筑(从下文看,这里专指现代西洋建筑——引者)通常却并不美。原因是建筑与绘画不同,它通常并不试图去模仿自然,建筑原本是将石头、砖块和灰浆组合起来,给人以躲避风雨的场所。它的首要原则是实用,时至今日仍然基本如此。所以最好的、最现代化的厂房、校舍、剧院、邮局、火车站和笔直的街道,其十足的丑陋使我们时时感到有必要逃避到乡村里去。……工业时代使这个情形更趋恶化,尤其是加固混凝土建筑产生之后。
>
> 中国建筑看来是沿着一条与西方不同的道路在发展。它

的主要倾向是寻求与自然的和谐。……最佳的建筑总与周围融成一体,成为其组成部分之一。这条原则被用来指导中国建筑的一切造型,从驼峰状拱起的小桥到宝塔、庙宇和池塘边的小亭子,无一例外。建筑物的线条应该是平滑而又不突兀的。其屋顶应该静静地半掩半现在树荫之下,柔软的枝条仿佛还在轻轻地抚摸着它的眉梢。中国的屋顶并不大张声势,也不用自己的手指指向苍天。它只是面对着苍天,无声地表白着自己平和的心迹,谦逊地鞠着躬。它是我们人类居住处所的标志。它保护着我们的居住地,从而暗示着自己是多么的庄重有礼。所以我们总是记着,在一切房屋之上安装屋顶,不允许它们像现代混凝土房顶那样不知羞耻地裸露着自身,并且一刻不停地瞅着天空。(林语堂《中国人》,学林出版社,1994,303、311页)

诚然,中国传统建筑不仅"设计幽默、结构谨严、气度雄浑,外观崇朴"(《上海市建筑协会成立大会宣言》,《建筑月刊》第2卷第4号,1934,27页),而且它的精华之所在是它的群体优势——单体建筑与院落、围墙、园林相互搭配,向四面铺开,组成一个完美的组合。除了佛塔外,一般很少向上发展,与追求个性张扬、结构复杂、向上发展的西方建筑有着根本的区别。除了技术的原因外,与民族性格、价值观念、群体心态、道德标准、宗教情感、审美趣味有关。盛世时代的统治者出于稳定的需要,都提倡几代同居。如乾隆三十年,陕西人张璘七世同居,赐御制诗章缎匹;乾隆四十九年,河南人任天笃九世同居,赐御制诗御书匾额(《清史稿·高宗本纪》)。为了容纳这么多代人的同居,可以通过反复地拷贝现有建筑单元来解决,以致有"阿房宫,三百里,住不下金陵一个史"(《红楼梦》第4回)

之说。优秀的建筑组合,轴线分明、配合协调,同时又虚实相间、错落有致,并不会给人以呆板的感觉。正如著名的科学史学者李约瑟所总结的:"我们发现一系列的划分空间,各各开放于次一空间,但又互相以墙垣、门户、头上的房屋等屏障和截断,而在选定的地点达到最高峰……在组成的各部分间有显著的匀称和互相依附。与文艺复兴时代的宫殿相较,有显著的不同,因为如凡尔赛宫之开旷景色乃系集中于一所单独的中心建筑物,而宫殿本身则离开城市而孤立。中国的观念远较宏大而复杂,因为在一个组合体中有上百栋的房屋,而宫殿本身不过是备有城墙和通衢大道的整个城市的大组织体的一部分而已。虽然采取强烈的轴心对称形式,但并没有单独的凌驾一切的中心或高潮,却像是一系列的建筑体系,因此,在这样的设计中并没有由庄严变为平凡的反高潮作风。中国的观念显出更多的玄妙神秘,变化不测,引人入胜,目不暇给。一个轴心的整个长度并不立刻显露出来,而是表现于一系列的景色,其中没有一处压倒性的规模。……这样看来,中国伟大建筑整体之形式是联合一种与大自然调和之谦德和一种诗意的幽情而成有组织的式样,为任何其他文化所不及。"(李约瑟《中国之科学和文明·土木及水利工程》,台湾商务印书馆,1990,24页)更何况建筑物只是总体的一部分,如果与周边的只有"天才、鉴赏力和经验"以及"很强的想象力和对人类心灵的全面知识"(钱伯斯语,引自刘天华《凝固的旋律——中西建筑艺术比较》,上海古籍出版社,2005,255页),才能布置出来的园林组合成一个更庞大的整体,其美妙程度更是人类所能企及的一个高峰。

比上述的反思略早,20世纪一二十年代,为了调和与中国文化的冲突,一些希冀在中国立住脚跟的外国建筑师和他们的业主,经

燕园正门

燕园

燕园景致

过对"东方文化慎重研究、细心体会之后",也对他们前辈盲目非议
中国传统建筑的行为进行了认真的反思,并努力"在他们的使命与
中国建筑之间找到某种可能的契合点"(彼得·罗、关晟《承传与交
融——探讨中国近现代建筑的本质与形式》,中国建筑工业出版
社,2004,53页),摸索出一种中西合璧的新的建筑形式。其中,涌现
出了几位成功者,如规划和设计了"世界上最美丽的校园"(司徒雷
登《在华五十年》,北京出版社,1982,51页)燕京大学校舍的美国建
筑师墨菲;设计了被徐世昌誉为"有尊严和美丽"(冯晋《北京协和
医学院的设计与建造历史拾遗》,张复合主编《近代建筑的研究和
保护》第5册,763页)的北京协和医学院的加拿大建筑师何士等。墨
菲的影响最大,他在多年的实践中,摸索出一套比较成熟的模式,
较好地将中国古典建筑"飞扬的曲面屋顶,配置的秩序,诚实的结
构,华丽的色彩以及完美的比例"(屈德印《试析墨菲在中国的典型

高校建筑》,《近代建筑的研究和保护》第1册,236页)这五大元素应用到他的设计中,并"恰到好处地把握单体与群体之间的构图关系……不再单纯追求建筑体量的组合, 而将建筑整体融入环境中, 群体构图关系大于单体建筑审美"(刘先觉、楚超超《南京近代大学校园建筑评析》,《近代建筑的研究和保护》 第5册,411页)。墨菲后来作为《首都计划》的顾问,协助南京国民政府制订了一项拟在全国推广的、确定"中国固有之形式"为官定建筑形式的庞大计划(《首都计划》,南京出版社,2006,60页),对中国近代建筑史产生了深远而广泛的影响。

协和医学院内巨大的烟囱

(四) 馀论

坚守中国传统建筑形式,具有审美上的价值,也是民族性的重要标志之一。当人们厌倦了高楼大厦的丛林,寻求回归自然途径的时候,很容易在民族建筑中找到归宿。不过,我们也不能忘记,中国传统的"大屋顶"建筑是农业社会的产物。过去中国是纯粹的农业社会,许多民居建筑散落在人口相对稀少的农村或小城镇里(如皖南、丽江、平遥等),即使是大城市,人口也不是很多,有足够的空间营造出占地面积大、单层或低层的民居建筑,可以容纳下所有的城市居民而还绰绰有馀。我们都知道,在三四十年代的北京,一户普

通人家住一整个四合院还是很普通的事。而在今天，如果仍然按照林语堂的说法，所有的建筑都建成"其屋顶应该静静地半掩半现在树荫之下，柔软的枝条仿佛还在轻轻地抚摸着它的眉梢"的话，也就是全部建成传统的四合院或其他形式的单层或低层的建筑，并遵守传统，使用天然木材而不是"石头、砖块和灰浆组合起来"的建筑材料，简直是不可想象的。整个城市不得不像摊大饼一样向外扩张数倍、数十倍，大片大片的耕地被占用，所有的林木被砍光而后继不及，并且带来交通、生活等等诸多不便的问题(实际上，即使是在高楼林立、人们重叠地住在一起的今天，这个问题也已经是很严重的了)。

也许有人会说，为了避免上述问题，我们可以采取两全其美的办法，既使用钢筋混凝土材料、盖高楼大厦，又保持民族特点，在钢筋混凝土大厦的头上加盖一个大屋顶或小亭子。但实践证明，这样不伦不类的建筑物(被行内人士戏称为"夺"字形建筑)，要比"不知羞耻地裸露着自身"的"现代混凝土建筑"还要难看和不堪忍受得多。建筑形式虽分成不同的流派，但不管什么样的建筑，总要保持整体的协调，"大屋顶"与低层建筑是协调的，如果把它安在高楼大厦上，无论如何总是别扭的。

现代高层建筑也是非常讲究形式、讲究唯美的，这一点与传统建筑是相通的。进入工业社会以后，的确出现了一些只讲究实用而不注重形式的难看的建筑物(如某些工业厂房等)，但并不等于说所有工业社会的建筑物都是丑陋的，随着时代的发展和设计的进步，那些"一刻不停地瞅着天空"的摩天大楼也可以造得很美。至于建筑材料，西洋建筑多采用砖石、钢筋混凝土等无生命材料，取之不尽、用之不竭，对于保护自然资源可谓功莫大焉。

五、近代交通工具与
"男女之大防"的突破

导入：

> 回头看时，却正是我寓楼对面金湘娥家的阿金。我那时也顾不得羞惭了，便道："买不到票子，没有办法，只好也（乘）烟蓬了。"她笑道："人家说'大少爷拉东洋车'，现在则世，人少爷趁（乘）起烟蓬来了。"她便爬过来，帮我摊被头。又低低地说道："和你掉一个位置好吗？"原来她的贴邻，是一个不三不四，像马车夫一样的人，她有些怕他。我明白她的意思，便给她掉下一个挡，做了他们之间一个缓冲。
>
> ——包天笑《钏影楼回忆录》

近年来，随着史学的"眼光向下"以及妇女史研究的深入，除了那些相对比较宏观的妇女史研究课题如女子放足、娼妓问题、女子教育、女子参政、婚姻自主、经济独立外，一些更加微观的研究课题如"社交公开"、"男女同学"、"男女同坐"、"男女合演"等直接触及

中国传统礼教"男女之大防"的新鲜课题也逐渐有人涉及。如凌兴珍《清末民初"男女同学"的争论与实现》(《四川师范大学学报》2003年第4期)、陈永祥《从"男女合演"的论争看清末民初上海社会观念的变迁》(《广东社会科学》2005年第6期)、刘志琴主编的《近代中国社会文化变迁录》(浙江人民出版社,1998)和王笛的《街头文化——成都公共空间、下层民众与地方政治》(中国人民大学出版社,2006)也较多地涉及到这些问题。但就笔者陋闻,不论从中国近代妇女史的研究路径来说,还是从中国近代交通史的研究路径来说,尚未见到把近代交通工具同"男女之大防"的传统礼教联系起来的研究。在史料的采用上,由于这一部分的内容几乎是处于"失语"的状态,对于这方面的历史真实,我们很难在"正式"的史料中找到,但本着胡适"史料的来源不拘一格,搜采要博,辨别要精,大要以'无意于伪造史料'一语为标准。杂记与小说皆无意于造史料。故其言最有史料的价值,远胜于官书"(胡适指导陈东原撰写《中国妇女生活史》语,见陈东原《中国妇女生活史·自序》,商务印书馆,1937)的思路,笔者拟尝试从时人撰写的能反映一定历史真实的小说、笔记等资料中寻找出蛛丝马迹,并通过文本分析,进行初步的探微索隐,权当为时下流行的"微观史学"研究添一趣味,以补充"正史"之不足。

(一) 相遇于途的"危险记忆"

在《诗经》的时代,男女相遇于桑间濮上,赠芍采兰,保持着乱交的野蛮遗风。随着文明的进展,古人制订了男女有别的规矩,所谓"男女授受不亲"(《孟子·离娄》)、"非祭非丧,不相授器。其相授,

中国古代男女防范是非常严密的。这是《南都繁会图》描绘的明人看戏的场景,观众席上设有女座。(国家博物馆藏)

晚清画报中的女包厢

则女授以筐。其无筐,则皆坐奠之而后取之"(《礼记·内则》)。这些规定其实都是为了避免男女接近或发生直接的身体接触,"以求脱离于乱交的状态"(因疑《进化与改造》,《妇女杂志》第9卷第6号,21页),使中国早早就步入了文明礼仪之邦。

在延续了两千多年的中国礼教社会大部分的年代里,男女防范都是非常严的,男女接触的机会非常有限。但有两种场合男女容易发生接触,以至出现"危险",一是庙会或节庆日;二是在路上。每逢节庆或进香之日,包括"男女之大防"在内的各种传统礼教规范和法律秩序往往遭到挑衅和颠覆。对这个问题的论述,参见陈熙远《中国夜未央——明清时期的元宵、夜禁与狂欢》(载自蒲慕州主编的《生活与文化》,中国大百科全书出版社,2005);赵世瑜《狂欢与日常——明清以来的庙会与民间

社会》(三联书店,2002);李孝悌《中国的城市生活》(新星出版社,2006)。对于为什么男男女女热衷于赶庙会,《妇女杂志》的一位女作者一语道破了天机:赶热闹、为消遣,求福报只是附带的,"还有一件说破了要被人骂的事,是男人看女人,女人看男人"(施前《轮船上》,《妇女杂志》第17卷第12号,1931,92页)。

在古典文学作品中或流传很广的民间故事中,多有描写男女在路上(包括水路)发生"私情"的描写。《雷峰塔》里的许宣和白娘子初遇于舟(方成培《雷峰塔》第六出"舟遇");《梁山伯与祝英台》里的女扮男装的祝英台在求学的路上初遇梁山伯(周静书《梁祝的传说》,中华书局,2001);《西厢记》里的女主人公崔莺莺也是在扶

"杜十娘怒沉百宝箱"的纪念亭
——沉香亭(摄于瓜洲古渡)

瓜洲古渡

父灵柩回乡的途中，与赴京赶考的张生在暂住的寺庙中相识并发生爱情故事的(王实甫《西厢记》，见《重订增注中国十大古典喜剧集》，齐鲁书社，1991)；《聊斋志异》中有关男女(人鬼)相遇于途的故事就更多了，如《婴宁》、《白秋练》和《粉蝶》等(蒲松龄《聊斋志异》，人民文学出版社，1992，150、1462、1635页)。"在路上"既是男女发生私情的理想所在，又是容易发生"危险"的地方。《杜十娘怒沉百宝箱》里的李甲携杜十娘双双乘船把家还，本来是可能得到幸福的，没料到在途中邻舟却杀出了一位轻薄公子孙富，诱惑意志不坚的李甲放弃了这段姻缘，酿成了悲剧(冯梦龙《警世通言》，上海古籍出版社，1996，455—461页)。《十五贯》中的熊友兰，在路上偶然遇见一位女子并与她同行，却不明不白地卷入了一场人命官司(朱素臣《十五贯》，吉林文史出版社，1997，43—48页)；《赵太祖千里送京娘》的故事更为典型：京娘被强人掳掠，幸遇赵匡胤相救。赵出于义气，千里迢迢保护京娘回家。在路上，两人保持着清白的关系。然而京娘到家后，却遭到家人的误解：男女两人千里相伴，岂能没有私情？且一个未婚女子与一个男子走了千里路，意味着失去了贞洁，将来就不会有人聘娶了，还不如干脆将京娘许配给他，以免别人议论。当京娘的父亲提出这桩婚事时，赵匡胤心头火起，大骂道："俺若贪女色时，路上也就成亲了，何必千里相送？"掀翻桌子而去。京娘百口莫辩，心想自己既涉瓜李之嫌，连自己的家人都不能见谅，何况他人？"不如死于清袖观中，省了许多是非，倒得干净"，竟悬梁自缢(冯梦龙《警世通言》，258—275页)！这则故事从侧面说明，在中国社会的传统记忆中，在路上，对于男女关系来说，是个"危险"的所在，男女一旦有双双在路上的经历，也就意味着私情，即使没有私情，也会被人误会，很难洗刷得干净，甚至不得不以失

去生命的代价来表明自己的清白。

这些文学作品或民间故事的流传,一方面是"社会记忆"的反映,有时候则反过来影响"社会记忆",并且深深扎根在民众的心里,以致在阿Q者的眼里,"一个女人在外面走,一定想引诱野男人;一男一女在那里讲话,一定要有勾当了"(鲁迅《阿Q正传》,《鲁迅选集》第1卷,人民文学出版社,1991,82页)。为了避开"危险",自古以来,中国的礼教就对男女相遇于途作了明确的规训:"道路,男子由右、女子由左",或者干脆规定"女子十年(岁)不出"(《礼记·内则》),"危险"当然也就不存在了。

(二)"危险记忆"的延续:新式交通工具初现时 国人对"男女混杂"的担忧

近代以来,轮船、火车和公共电汽车相继传入中国。对于那些最初接触到这些新式交通工具的中国人来说,不仅储存于心中的"相遇于途的危险记忆"自然而然地还在起着作用,而且有可能因这些新式交通工具空间狭小存在着巨大的心理障碍——对"男女混杂"的担忧(在使用传统交通工具的时代,陌生男女共处于某一交通工具内的情况是很少见的,人们或走路、或骑马、或坐轿、或行舟,一般情况下都各自处于一个独立的空间内,发生"男女杂坐"的机会是很少的)。

许多人都知道,上海电车初行的时候,因华人害怕触电不敢乘坐而生意清淡。但据徐珂的《清稗类钞》记载,华人之所以害怕乘电车,还有一个心理障碍在作怪,那就是担心女子乘车会引来寻芳猎

1908年上海开行的第一辆有轨电车

艳的不良男子乘机"吃豆腐"占便宜。开办电车公司的西方人揣摩
到了华人乘客的心理，一度允许妇女在某些路段可以出三等车的
车资坐头等车的座位(头等车人少,不那么拥挤,可以避免被"吃豆
腐")，这一促销举措果然有效,电车公司的营业从此日益发达(徐
珂《清稗类钞》,中华书局,1984,6109页)。与徐珂的记载不谋而合
的是,陈伯熙在《上海轶事大观》中也说,上海规定一辆人力车只能
载客一名，最初的原因也是因为若乘二人，会出现男女苟且之事
(陈伯熙《上海轶事大观》,上海书店出版社,2000,292页)。曹聚仁
也有类似的说法(曹聚仁《上海春秋》,162页)。徐珂、陈伯熙和曹聚
仁都是在上海工作或生活多年的"上海通"，平生喜欢搜集一些为
人们所不注意的社会生活的细枝末节，这类说法很可能来源于他
们的亲闻、亲见、亲历,应该是比较可靠的。至少说明在他们的眼

里,这个解释是合情合理的。他们的记载说明,在当时的华人社会中,的确存在着这样的心理:近代交通工具对于"男女之大防"来说,是个"危险"的所在。另一位"上海通"包天笑在轮船上曾有过一次经历,他平常是乘包间的,1900年因发生义和团运动,有一次实在买不到包间的票,只好在低等舱屈就,男女并铺而卧。他认识的一位邻家女子阿金,对贴邻的"不三不四,像马车夫一样"的陌生男子怀有戒心,特与包天笑调换了一个位置,"做了他们之间的缓冲"(包天笑《钏影楼回忆录》,山西古籍出版社、教育出版社,1998,234页)。在男女同坐(卧)的近代交通工具上,女乘客存有戒心应该说是普遍存在的现象,只不过一般来说乘坐普通车(舱)的都是在历史上没有"话语权"的下层民众,我们很难听到她们的声音。但在一些偶然的机会,也可能被"精英"们记录下来。包天笑的回忆录为我们提供了一个清晰的历史场景。像这样的"危险经历",偶尔也可能由知识女性记录下来。《妇女杂志》曾经刊登过一篇女子游记,作者蔡苏娟显然是一位富有且有知识的女性,有一次她乘轮船出去旅游,乘的虽是包间,但"窗外时有男子经过,或且有向内窥望者",保护她出游的老女佣把那些窥视者痛骂了一顿,"始稍稍敛迹"(蔡苏娟《牯岭五日记》,《妇女杂志》第2卷第1号"记述门",25页)。近代交通工具上人多拥挤的特点,有时也可能被流氓团伙加以利用。清末谴责小说《新上海》就描述过一个干"仙人跳"勾当的流氓团伙在电车上以女色猎取那些爱占小便宜的男人来敲诈钱财的故事(陆士谔《新上海》,第10、12回)。"相遇于途的危险记忆"在延续,只不过两腿走路和车马舟楫换成了机动的交通工具罢了。这也可以从当时流行的竹枝词得到旁证:如上海竹枝词有"申江好,男女不妨嫌。塌上横陈同倚枕,车中共载不垂帘。一任从观瞻"(薛正兴《李伯元全集》"年谱",江苏古籍出版社,1997,35页)。成都竹枝词有"汽车更比包车好,男女相逢坐一堆"(林孔翼《成都竹枝词》,四川人民出版社,1986,170页)。北京竹枝词有"乘客不分男女座,可怜坐下挤非常"(张笑我《首都杂咏》,雷梦水等编《中华竹枝词》第1册,430页)等等。从这些竹枝词所流露出来的语气上看,不像是把这种现象当作美好事物加以赞赏的,而是讽刺挖苦,隐约中含着忧虑。

因此,在近代交通工具初现中国的早期,经营者为了吸引更多的中国乘客,当务之急就是要消除中国乘客对"男女混杂"的疑虑,单独辟出女座(间)。1873年,较早在中国运营的德忌利士公司在揽客广告中宣称,该公司投入运行的南澳轮船"有妇女沐浴房梳妆房而妇女所寓之房极好,其华丽精洁能与西人搭客房并埒,且男女有别,更不虑其混杂"("德忌利士公司新创南澳轮船",《申报》癸酉年正月十四日)。天津租界19世纪80年代引进的"地可味而"轻便列车,就辟出一个车厢专载女客(尚克强、刘海岩《天津租界社会研究》,天津人民出版社,1996,76页)。一些铁路线路的头二等车设有女客包间(蔡陈汉侠《汴梁游记》,《妇女杂志》第3卷第1、2号"记述门",12、15页)。有的火车站还分女候车室和男候车室(徐凌霄《古城返照记》,同心出版社,2002,118页)。

(三)"男女杂坐不以为嫌": "男女之大防"的第一个突破口

但是,专设女座(间)只能是权宜之计和少量现象。随着客流量的增加,火车和轮船只有高等级的车(舱)、舱设有女间或女客可以包下来的包间,占主要部分的普通车(舱)、舱则没有这个条件。电

车虽然分等级，但同一等级的车厢里也是不分男座、女座的。而且火车、轮船的高等车(舱)数量毕竟有限，票价也要比普通车(舱)高得多，不是普通乘客所能经常性消费得起的。在市内交通方面，人力车虽然可以满足一部分走向社会的女性的独立空间和安全需求，但对于那些需要精打细算、家庭经济条件一般的职业女性(或其他女性，如女学生)来说，如果每天上下班(学)都需要使用交通工具，电车无疑是最"稳快价廉"的，常年乘坐人力车在经济上是难以承受的。因此，从晚清到南京国民政府时期，尽管社会上对在近代交通工具上男女杂坐有各种担心、非议，但一般情况下公共电(汽)车不分男车、女车；火车的普通车厢不设男座、女座；轮船的普通舱也不分男铺、女铺的，均男女杂坐(卧)。随着近代人口流动的加剧、城市化进程的加快以及女性在社会上抛头露面甚至就学就业机会的急剧增加，中国传统社会那种"男主外、女主内"的故态逐渐被打破。女子走向社会，很多情况下必需乘坐近代交通工具，也就难以避免要与男子并肩而坐（甚至在轮船的通铺上比邻而卧）。久而久之，人们对在近代交通工具上男女杂坐的现象也就习以为常，"男女杂坐不以为嫌"(侯祖畬、吕寅东《夏口县志》第2卷"风土志")。我们虽然很难像政治史一样以某个历史事件来划分"阶段"，说清楚中国人是什么时候开始接受"男女杂坐"现象的(清末新政、辛亥革命、五四运动、南京国民政府成立等历史事件均有一定的影响，但没有任何一个历史事件可以使人们在一夜之间改变观念的)。事实上，从交通工具本身来说，不同类型的交通工具可能存在着差异；从人的观念上说，沿海和内地、南方和北方、大城市和中小城市、同一城市的不同阶层都存在着差异。观念的变迁，不仅"阶段"性是非常模糊的，而且往往不是呈直线上升，有时还可能出现反复和倒退。但可以肯定的是,随着时间的推移,人们最终还是接受了在近代交通工具上"男女杂坐"这一现实的,"男女之大防"的底线最终在近代交通工具上被突破了。

在几种最主要的近代交通工具中,客轮在19世纪40年代就已经开始客运服务,火车1876年初通,电车1899年初行。虽然我们不能肯定轮船、电车初现时就有中国女子与男子同坐在船舱、车厢里(妓女则另当别论),但从笔者掌握的资料上看,至少火车初通时就有很多女子已经冲破"男女之大防"与男子同乘火车了。1876年淞沪铁路通车后,"华客即持照纷纷上车,并有妇女小孩"("记华客初乘火车情形",《申报》1876年7月3日),"男女老幼,纷至沓来"("火车开市",《申报》1876年7月4日)。1897年京津间铁路告成,"京城内外附近居民,咸思(乘火车)到津一扩眼界,其中以旗人妇女为最多"("藉开眼界",《申报》1897年10月28日)。而在其他的公共空间如动物园、植物园、商场、戏园等,清末民初仍有严防"男女混杂"的规定,如北京的"文明茶园""男女都分上下楼"(《中华竹枝词》第1册,288页);北京万牲园规定男女不得同日游览,"男客以星期(日)及星期一、三、五日,女客以星期二、四、六等日游览,以昭严肃"("万生园游览规则",《大公报》1907年7月20日);天津植物园也规定"星期一、二、三、五、六日准男客入览。星期四、日,独许女客入览"("种植园游览章程之迁滞",《大公报》1907年9月12日)。成都甚至还规定男女不得同时进商场购物(王笛《街头文化》,中国人民大学出版社,2006,295页)。至于男女同校,要晚至"五四"时期才取得较大突破(刘志琴《近代中国社会文化变迁录》第3册,442页)。而男女在同一车、舱里共处,恐怕要比在动物园(植物园)里同游,在同一个商场里购物,在同一个戏院里看戏,在同一学校里上学要"危

原京师万牲园(今北京动物园)大门

险"得多。因此，从某种意义上说，近代交通工具对"男女之大防"防
线的突破是最早也是最有冲击力的。

事实上，20世纪二三十年代以后，在上海等开放城市，在近代
交通工具上不仅"男女之大防"的屏障已经被打破，而且许多人还
把它当作谈情说爱的理想场所(且不论是真情还是假情)。许多以
都市生活为背景的文学作品，都热衷把发生男女之情的场景搬到
近代交通工具上。刘呐鸥的小说《风景》里，男女主人公在特别快车
上邂逅，两人在一个车站下车后，男子在女子的挑逗下在野地发生
了性爱；张资平小说《伯约之泪》里描写一对情窦初开的少男少女
在电车上"相视一笑"，就如"放电时的两极火花"；张爱玲《封锁》里
的男女主人公也是在电车上"恋爱着了"；洛侬的诗《在公共汽车
中》把公共汽车作为男女新式恋爱的场所，"幸而有灯光的昏黄，荫
蔽了初恋的脸红；幸而有机声的震响，掩护了初恋的喋呐"；穆时英

的《骆驼·尼采主义者与女人》描写尼采主义者在街车上"瞧着她，觉得她绸衫薄了起来……一阵原始的热情从下部涌上来，他扔下了沙色的骆驼，扑了过去"；钱钟书的小说《围城》的第一个场景就是方鸿渐乘轮船回国，在船舱上与黑皮肤的鲍小姐发生了一夜情，被侍者敲诈了三百法郎；施蛰存的小说《魔道》里的男主人公甚至幻想着与他同乘在火车上丑陋的老妇人变成美丽的王妃……有这么多的作家把近代交通工具作为发生男女之情的场景，应该说不是偶然的，尽管再多的小说描写也不能当"正史"看待，但正如梁启超所说的，"作小说者，无论骋其冥想至何程度，而一涉笔叙事，总不能脱离其所处之环境，不知不觉，遂将当时社会背景写出一部分"(梁启超《中国历史研究法》)。这些颇具异曲同工之妙的小说(诗歌也是如此)，至少给我们提供了一个强烈的历史信息："男女之大防"的堤坝因近代交通工具的特殊性——空间狭小、男女杂坐而已经崩坏，已经演变成了为男女提供情爱的习以为常的理想场所，过去的"危险记忆"已经"变异"为一种全新的社会记忆，尽管在这种全新的社会记忆中，依然残留着"危险"。

在城市化、城市近代化的进程中，随着人际交流的频繁，男女同处在一个公共空间，特别是狭隘、拥挤的"大众乘物"上的情况越来越多，人们从开始时的忧虑、防范，逐渐过渡到习以为常。这种习以为常虽然也可能产生不良的后果——譬如性骚扰，但毕竟意味着社会的进步，因噎废食是行不通的。这种进步虽然是非常隐蔽、不易为人所发现的，但其意义与"社交公开"、"男女同学"、"男女合演"一样，同样是将传统礼教打开一个缺口，在近代中国观念近代化的进程中，是起了一定作用的。对此，我们没有理由视而不见。

六、铁路与中国近代的旅游业

导入：

予于初次开行之日,登车往游,惟见铁路两旁,观者云集,欲搭坐者,已繁杂不可记数,觉客车实不敷所用。尤奇者,火车为华人素未经见,不知其危险安妥,而妇女及小孩竟居其大半。先闻摇铃之声,盖示众人以必就位,不可再登车上,又继以气筒数声,即闻勃勃作响者,即火车吹号,车即由渐而快驰矣。坐车者尽面带喜色,旁观者亦皆喝彩,注目凝视,顷刻间车便疾驶,身觉摇摇如悬旌矣。

此时所最有趣者,莫如看田内乡民。查上海至江湾一带,除稻田数亩外,徐则半皆花地。当花杆已长,乡人咸锹以治地。但此处素称僻静,罕见过客,今忽有火车经过,既见烟气直冒,而又见客车六辆,皆载以鲜衣华丽之人,乡民有不诧为奇观者乎?是以尽皆面对铁路,停工而呆视也。或有老妇扶杖而张口延望者,或有少年倚望而痴立者,或有弱女子观之而喜笑者;至于小孩子,或惧怯而依于长老前者,仅见数处。则或牵牛惊看,似作逃避之状者,究未有一人不面带喜色也。及甫近江湾,气筒复鸣,火车渐慢,又见两旁人立如堵墙。

——上海通社编《上海研究资料》

"山川之美,古来共谈"(陶弘景《答谢中书书》),讲究"天人合一"的国人自古就对旅游发生了浓厚的兴趣,悠久的历史留下了大量的文物古迹,广阔的国土处处都有风景。历代文人骚客、升贬官员、僧道缁黄"发掘"出无数的风景名胜,有的

独轮车——中国乡村常见的运输工具

通过文学作品流传下来,张扬开来;有的作为口碑在民间流传。火车等近代交通工具引入之后,由于省时、省钱、便捷和舒适,为人们的旅游创造了更好的条件,也使旅游的形式发生了某些变化。我想,火车对旅游的影响至少表现在以下几个方面:一是"日行千里"成为现实;二是"游铁路"本身成为一项新兴的旅游项目;三是铁路的通过使一些人迹罕至的地方成为旅游新景点,一些旧景点也因游客增加而更加显名;四是团体旅游成为可能,从而使旅游出现大众化的倾向。

(一)"日行千里"成为现实

在火车出现以前,人们出游,晓行夜宿,日行不过数十里。乘船顺流而下,自然要快一些,但所谓的"千里江陵一日还",如同"白发

鸡鸣驿古城墙

鸡鸣山驿

三千丈"一样,恐怕只能存在于诗人的浪漫诗句中,当不得真,何况局限性显而易见。利用邮驿传递紧急文书,据说最快能达到六百里甚至八百里的速度,所谓的"六百里加急"、"八百里加急"是也,但那需要夫马接力传递,很可能付出夫死马毙的代价。人非文书,邮传速度对于旅人来说,并没有实际意义。火车的出现,则使"日行千里"变成了现实。过去从苏州到上海，乘民船需要三天时间(包天笑《钏影楼回忆录》，山西古籍出版社、山西教育出版社，1998，132页)，沪宁铁路开通后，乘火车只需要两个多小时。从嘉兴到北京，谈迁曾经用了四个月(谈迁《北游录》)，若乘火车，只不过是三天左右的行程。马

古驿道上的邮亭(摄于高邮)

可·波罗横跨欧亚大陆，从欧洲来到中国，据说用了三年半的时间(《马可·波罗游记》，中国文史出版社，1998，11页)，西伯利亚铁路建成后，乘火车从哈尔滨到伦敦，只需要十五天左右(钱单士厘《癸卯旅行记》，岳麓书社，1985，727—754页)。这只是早年的火车速度，现在就更不用说了。

古人远游，两腿走路或使用笨钝的交通工具，虽然可以充分领略到贴近大自然的乐趣，但车马劳顿的艰辛则是现代人难以想象的。且不说"难于上青天"的蜀道，即使是平坦的大道，颠簸在马背上或坐在装着木头轮子(而不是橡胶轮子!)的大车上，也是一件无比痛苦的事，更不用说"霖雨泥我途，流潦浩纵横"(曹植《赠白马王彪》)的雨天了。遇上前不着村后不巴店、无人可以打探的歧路，最为头疼，据说阮籍就曾经路遇歧途大哭而返。要是遇上强盗、猛兽，还有性命之虞。徐霞客曾在湘江遇盗，侥幸逃命，弄得"身无寸丝"、

狼狈不堪,同时遇盗的有多人被害(《徐霞客游记·西南游日记》)。《水浒传》里武松、李逵等好汉都有路中遇虎的经历,武松把老虎打死了,而李逵的娘却被老虎吃掉了。虽是小说家言,但像这样的事在古代恐怕并不稀罕。至于夜行,对古人来说,更是一项极具冒险的行动。所以,自古以来,远行意味着生死未卜,"长驾远征,几无殊漂泊天涯,而他乡行役,亦极人生之惨苦矣"(芃吉"交通与旅行部之关系",《旅行杂志》第1卷春季号,12页)。李渔说"'逆旅'二字,足慨远行,旅境皆逆境也"(李渔《道途行乐之法》)。虽有"苦中求乐"之法,但毕竟是件苦事。

李逵图(国家博物馆藏画)

有了火车,上述的这几个困难也就迎刃而解了。"行役千里而瞬息可到,兼程而途费转轻,无寇盗之虞,无风波之险"(《李鸿章全集》,海南出版社,1997,1215页)。既不用担心歧路迷失方向、虎豹强盗夺人性命,而且一般情况下,刮风下雨都不影响旅程。夜行也不算一件冒险的事。早在民国年间,上海——南京、上海——杭州等线路就已经开通了"夕发朝至"火车("京沪特快夜车",《旅行杂志》第4卷第1号;"沪杭路开行夜客车",《申报》1919年7月18日)。旅客正好在车上睡一个晚上,到达目的地后就可以马上做事或旅游,休息、工作(旅游)两不误。乘坐火车等近代交通工具,虽然也可能遇到交通事故或者车匪路霸什么的,但总的来说,比过去要安全多了。铁路部门在广告中,除了价廉便捷外,也往往把旅途安全、"保护周密"作为吸引旅客的砝码之一 ("粤汉铁路广韶段管理局广告",《铁道年鉴》第1卷)。

(二)"游铁路"成为旅游新项目

"浓烟一路冲天起,汽笛频鸣在转叉"(顾炳权《上海洋场竹枝词》,上海书店,1996,115页),蒸汽火车一旦出现在古老的农业大地上,很快成为人们争相围观、一睹为快的对象,"游铁路"、"坐火车"本身也就成为一项全新的旅游项目(并不一定有什么旅行目的地)。

中国出现的第一条铁路淞沪铁路在施工期间, 就吸引了无数游人前来看热闹。人们见小火车往来运输沙石木料,"就招来一批批好奇之客,每天总有丁把人。游人一多,小贩就跟来设摊,林林总总,也居然形成一种景观"。"不少人家举家出游,一时'游铁路'盛况空前"(傅家驹《中国第一条营业铁路》,《宝山史话精选》,2002,145页)。淞沪铁路通车的那天,当地人扶老携幼,争乘火车,比赶庙会还热闹。记者随车采访,生动地报道了这一情景:

> 予于初次开行之日,登车往游,惟见铁路两旁,观者云集,欲搭坐者,已繁杂不可记数,觉客车实不敷所用。尤奇者,火车为华人素未经见,不知其危险安妥,而妇女及小孩竟居其大半。先闻摇铃之声,盖示众人以必就位,不可再登车上,又继以

气筒数声,即闻勃勃作响者,即火车吹号,车即由渐而快驰矣。坐车者尽面带喜色,旁观者亦皆喝彩,注目凝视,顷刻间车便疾驶,身觉摇摇如悬旌矣。

此时所最有趣者,莫如看田内乡民。查上海至江湾一带,除稻田数亩外,馀则半皆花地。当花杆已长,乡人咸锹以治地。但此处素称僻静,罕见过客,今忽有火车经过,既见烟气直冒,而又见客车六辆,皆载以鲜衣华丽之人,乡民有不诧为奇观者乎?是以尽皆面对铁路,停工而呆视也。或有老妇扶杖而张口延望者,或有少年倚望而痴立者,或有弱女子观之而喜笑者;至于小孩,或惧怯而依于长老前者,仅见数处。则或牵牛惊看,似作逃避之状者,究未有一人不面带喜色也。及甫近江湾,气筒复鸣,火车渐慢,又见两旁人立如堵墙。(上海通社编《上海研究资料》,上海书店出版社,1984,316页)

青岛德式火车站

在北京,当京津铁路通至京郊马家堡时,“京城旗妇出城游观火车站者络绎不绝,日约有千馀人,故永定门至马家堡之电车生意大佳,每日售出票数约有二千馀张之多”(“电车盛行”,《中外日报》1899年9月30日)。1909年,京张铁路通车后,京城各界免费、自费前往张家口者络绎不绝,一时张家口的旅馆爆满(汪国垣《京张铁道旅行谭》,《东方杂志》第11期“行纪”,31页)。铁路线上的火车

全国重点文物保护单位——京汉铁路大智门火车站

站,也吸引了不少游人前来游览,在清华学校读书的吴宓就是其中的一位(《吴宓日记》第1册,三联书店,1998,39、126页)。

　　铁道、火车、火车站、铁路大桥这些东西是工业革命的最重要成果之一,也是近代文明的重要组成部分。有人说,"铁路终点站和旅馆对于19世纪来说,就像13世纪的修道院和教堂那样,他们确是我们在那个时代所拥有的最具代表性的建筑物",是"时代艺术精神的先锋"(张复合《中国近代建筑研究与保护》,清华大学出版社,1999,20页)。在从农业社会向工业社会过渡的过程中,是否见(乘)过火车,往往成为评价一个人是否"文明"、"见过世面"的标志之一。1910年,在绍兴府中学堂任监学的鲁迅率领二百多学生到南京参观"南洋劝业会",这些学生从来就没有见过、更没有乘过火车。鲁迅特意带领他们乘坐了一段火车,以开阔眼界。一位学生后来回忆说,"幼年在校时,老师曾出过一国文题《国有铁路论》,叫我做一

南洋劝业会开幕式

年轻时的鲁迅

篇论说文。我因年幼，未曾见过火车和铁路，想来想去，认为天下岂有用铁做的路？如果用铁造路，不但所费不赀，且铁硬而滑，冬太冷，夏太热，反不如绍兴的石板路或泥路好。至于‘国有’二字，在专制皇朝时代的小伙子，更是莫名其妙，不知其含义如何。这样静坐两小时，交白卷了事。从南京回到绍兴，才知铁路行火车的情况，这题目再叫我做，我至少可以写：铁路是用枕木和轨道造成，火车行于其上,疾驰如飞"。这位学生的经历和感受,有一定的典型性。参加过这次远行的学生都真切地感叹:"南京之行胜读十年书","我们这些绍兴'井底蛙'已由豫才先生带队游过汪洋大海了!"(《鲁迅生平史料汇编》第1册,天津人民出版社,1981,448页)

(三) 旅游目的地得到开发

由于铁路的铺设(加上一些其他因素),使铁路沿线一些本来默默无闻的地方,一夜之间变成闻名遐迩的旅游胜地,如鸡公山、北戴河等;一些传统景点也因铁路线的经过、游人增加而更加著名,如津浦线上的曲阜、泰山;(南)京沪沪杭甬沿线的苏州、无锡、莫干山等等。

粤汉铁路使用的巴尔得温大机车

北戴河"在昔交通往返不便,文人学士罕至其地,是以不甚著闻于世"。1893年,津榆铁路洋工程师金达勘测线路时来到这里,"发现"这里是海滨度假的理想之地。北京、天津等地的外国人闻风而至,盖房避暑,很快就发展成闻名于世的旅游胜地(管洛声《北戴河海滨志略》,4页)。河南信阳的鸡公山在近代以前游屐罕至,后来芦汉铁路从附近通过,修筑铁路的洋员(一说传教士)"发现"这里是个很好的避暑胜地,便"开发"了这里,每年夏天,引来大批的不堪忍受"火炉"武汉酷热煎熬的外国人和"高等华人"乘火车到这里避暑消夏。正太路经过的山西寿阳芹泉也因为"地势高爽、气候清凉"而吸引了众多西方人前往避暑("正太铁路广告",《铁道年鉴》第2卷)。

莫干山虽早已闻名,但作为避暑胜地,则是"西方传教士于光绪二十四年(1898)卜筑山中,一时风从云集,辟作奥区……层楼林立,俨然一消夏湾矣","每至夏令,履舄纷沓"(周庆云、周延礽《莫干山志》,大东书局,1936,64页),才更加出名。为了方便上海、南京、镇江、常州、无锡、苏州等大城市的游客,每年夏天,铁路部门都要和公路部门联手,推出莫干山往返联运套票(三个月有效),实行铁路、公路联运,游客从上述几大城市出发,先乘火车再转乘汽车和山轿,直达山上(《莫干山志》"附录",25页)。

苏州本是旅游胜地,沪宁铁路的开通,使旅游更加兴盛。曾在上海西餐馆打工发财的孙福田在苏州火车站附近开办了豪华的中西合璧的惟盈旅馆,由通晓英语的导游将沪宁线上各地的中外政要权贵、富商巨贾吸引到苏州旅游(饶金宝、施士英《清末民初的苏州几家名店》,《苏州文史资料》第18辑)。

无锡太湖湖滨虽是闻名的风景名胜,但在沪宁铁路通车前,各

今日京张铁路

景点非常分散，没有公路相通，旅游很困难。沪宁铁路通车后，游人陡然增加，当地有识之士便集资对一些景点进行人工点缀，并修筑道路将各景点连在一起，方便了游客（"无锡整理湖滨风景"，《铁路公报·津浦之声》第7期）。

为了吸引更多的客源，各条线路的铁路管理局紧紧抓住旅游景点大做文章，争相发布广告。这些广告颇有雅意且画龙点睛，即使在今天也很有参考价值，摘录如下：

胶济铁路："沿线林木茂美，风物秀润，由梨林九水而达劳(崂)山，景色之佳，岩壑之胜，冠绝齐东，堪称仅见……又以青岛地方气候夏凉冬暖，寒暑咸宜，设备齐全，道路清洁，四时小住，最足怡情，而本路行车稳捷，坐(座)位舒畅，种种优点，适合旅行，尤有宾至如归之乐焉。"（"中华民国胶济铁路"，《铁道年鉴》第1卷）

京绥铁路："本路屏障京师绵亘绥库居庸，翠峦八达，天登汤山之温泉，毗其旁大同之石佛巍其迹，考古者负笈争游，揭裳恐后。"（"金载"，《京绥铁路管理局公报》第15期，55页）

京沪沪杭甬铁路："乘本路车，畅游江南，有左右逢源之乐。"（《铁道年鉴》第3卷，659页）

"本路自南京经杭州以迄宁波，沿线各站悉属名都胜邑，

或以山水见称,或以史迹见著,典籍所载,誉冠东南,游屐所至,四时咸宜。"("京沪沪杭甬铁路管理局广告",《铁道年鉴》第1卷)

正太铁路:"山西东阻太行,西薄黄河,北迄大漠阴山,南至首阳,砥柱尧舜禹之故都,周唐叔之封邑。历史悠久,古迹孔多,研寻史事者不可不前往考查。"("正太铁路广告",《铁道年鉴》第2卷)

浙赣铁路:"浙赣两省向饶名胜,而本路沿线,古洞怪石,泻瀑飞泉,玮奇崇丽之峰岩,幽秀静邃之湖泽,洞天福地,桂阁兰亭,颇多令人流连之处,其景物之胜,盖得天独厚也。顾外人知者甚鲜,除金华北山、永康方岩、诸暨五洩,贵溪龙虎山,已脍炙人口,有骚人名士为其题咏外,馀如弋阳圭峰,贵溪仙岩,其怪丽之景,诚非人间所能多得。"("浙赣铁路沿线之古迹景物",《浙赣铁路月刊》第2卷第8期,105页)

京张铁路通车

（四）团体旅游成为可能

古代人旅游，因为交通工具的限制（至少是原因之一），单打独斗的情况较多，如"翩然独往，逍遥泉石之上"（苏辙《武昌九曲亭记》）的苏轼；"不计程期，不求伴侣"（潘耒《遂初集·徐霞客游记序》）的徐霞客。多的一般也不过是三五好友结伴同游。这固然体现了旅游者的孤傲和潇洒，但也与传统交通工具的局限有关。火车等近代交通工具载客量大、方便快捷、费用相对低廉的特点，使团体旅游成为可能，从而使旅游出现了某种程度的大众化倾向。

铁路使少则数十、多则数百的团体旅游成为可能。1909年夏天，"驻京美国福音之女教习三员，率同女生二百馀人……直赴秦王岛、山海关一带避暑"（"女生避暑"，《大公报》1909年6月18日）。1930年清明节，华商证券、

三游洞（之一）

三游洞（之二）

纱布两交易所同人六百馀人集体包车前往杭州旅游（"今岁之游杭专车"，《旅行杂志》第4卷第4号）。铁路部门还开通了各类旅游专列，如在上海开通游杭专列（《旅行杂志》第2卷"春游特刊"）、海宁观潮专列（"沪杭路今日开驶观潮专车"，《申报》1920年9月28日）；在北京开设至北戴河的旅游专线列车（刘鹏《老北京的铁路》，《北京档案》2006年第6期）；在天津开通到北平间的"赏花专车"（茅盾《中国的一日》，生活书店，1936，27页）等等。

　　铁路部门还实行种种团体旅游的优惠办法。早在清末，国有铁路就规定周六、周日或召开盛会时，团体可享受折扣票价（曾鲲化《中国铁路现势通论·运输》，1908，8—9页、50页）。1920年7月颁布的《客车运输通则》，则统一规定了"国内周游票发行规则"，"周游票"打七折，两个月内有效（"国内周游票发行规则"，《铁道年鉴》第

京张铁路通车典礼

1卷,180页)。有的线路有低至五折的（"正太铁路广告",《铁道年鉴》第2卷）。看来,旅游业降价倾销也不是今天才有的新鲜事。

因铁路的开通,旅游者成群结队地出游,给善于捕捉商机者带来了商机。承办团体旅游的旅行社也应运而生。

旅行社是伴随着近代交通工具而兴起的一种新式的旅游载体。西方国家在19世纪上半叶开始出现旅行代理商(章必功《中国旅游史》,云南人民出版社,1992,424页)。近代以来,列强入侵,也把这种旅游方式移植了进来。1903年3月,一位名叫德木兰的法国人在北京开设了一个类似于旅行社的洋行, 开辟从北京至法国的旅游专线。该旅行社在《大公报》上登出的组团广告称:

> 有法商德木兰者, 因华人欲游法国者, 多不知用若干时日,用若干路费,乃在西安门内大街开设一行。凡有欲游法国者,伊可派人导引、照顾。其包办之价值,计去路一月,回路一月,在法居住一月;上等价银一千两,三等四百五十两。定于五月初六日早七点钟在前门外火车站开行。欲往游者,须于开行之前一月到该行订议。("游法指南",《大公报》1903年3月16日)

在贵族子弟如云的北京,最多一千两的费用算不了什么。我们尚不知道到底有多少人报名参加了德木兰旅行社组织的国外旅游,但从这些贵族子弟爱玩的特性推测,参团的恐怕不在少数。

民国年间, 在中国比较活跃的外国旅行社主要有英国通济隆公司、美国运通公司、日本观光局等。

1923年, 中国人自办的第一家旅行社——上海商业储蓄银行旅行部(后改为中国旅行社)宣告诞生。中国旅行社的创办与铁路

大有关系,创始人陈光甫回忆说,"某年冬夜,我一个人于午夜乘火车抵徐州。那年气候特别寒冷,朔风凛冽,冰雪载途,我虽身裹重裘,仍止不住得连打寒噤。其时因夜色已深,凋月腊尾,异乡过客,不免有一阵萧凉落寞之感,可是,当我出站的时候,望见还有许多三四等车的乘客,麇集在露天的月台上等候搭车,男女老幼,各自守着自己的行李,依偎一团,在彻骨的寒风中发抖。长夜漫漫,无栖身之地",于是产生了创办服务机构以方便行旅的想法(《陈光甫与上海银行》,中国文史出版社,1991,225页)。中国旅行社的主要业务就是组织旅游团,借助包括铁路在内的交通工具前往国内国外的名胜古迹旅游,也为铁路、轮运部门代售普通车船客票。该社总是紧随着新铁路的通车而随时拓展业务,陇海铁路修至西安,即相继在陕州、潼关、西安设计分社;浙赣铁路通车,即设金华、南昌分社;通车后,又在广州、衡阳设立分社(郑焱《中国近代第一家旅行社》,《史学月刊》1996年第4期)。1936年初,赵君豪考察即将全线告竣的粤汉铁路,途经南岳衡山时发现,中国旅行社已在山上设立了住宿条件很好的招待所(赵君豪《南游十记》,中国旅行社,1936,49页)。可见,旅行社在很大程度上是要依托铁路资源的。

(五) 馀 论

在近代中国,因贫穷、战乱以及铁路线路有限、设施不配套,铁路部门一开始就存在着"蔑视义务"、"侵夺权利"(曾鲲化《中国铁路现势通论·运输》,12—15页)等等弊端,旅游业受到很大的限制。利用近代交通工具旅游,虽然不能像古人一样"施施而行,漫漫而游"(柳宗元《始得西山宴游记》),冒险和浪漫的乐趣也减少了许多，或许再也难以产生《聊斋志异》里的那些美丽的人鬼爱情故事了。但总的来说，铁路给人民的生活(包括出游)带来的便利是前所未有的。所以有人把火车等近代交通工具与《人权宣言》和《共产党宣言》相提并论，

題贈鐵路雜誌

夫鐵路者今日文明富強之利器也古人有言工欲善其事必先利其器予為轉一語曰民欲興其國必先修其路何以見之見之於美國美國今日有一百二十萬里之鐵路其鐵路為世界至多而其富強亦為世界第一若以人數較之則我國多於美國四倍如是吾國之鐵路應有四百八十萬里而文明程度乃足與美國相等也然吾國今有鐵路不過二萬里耳方之美國則□□我遠矣然則急起直追逕建築此四百八十萬里鐵路其

孙中山题赠《铁路杂志》

说："正如整个世界感受到斯蒂芬森的机车、富尔顿的汽船和加特林的机枪的影响一样，它也感受到《独立宣言》、《人权宣言》和《共产党宣言》的影响。"（"1500年以后的世界"，斯塔夫里阿诺斯《全球通史》，上海社会科学出版社，1999，325页）孙中山先生对铁路的钟情也是众所周知的，他曾说："铁路常为国家兴盛之先驱，人民幸福之源泉也。"（《孙中山全集》第2卷，中华书局，1982，489页）又说，"交通为实业之母，铁道又为交通之母。国家之贫富，可以铁道之多寡定之，地方之苦乐，可以铁道之远近计之"（"孙中山先生之谈话"，《民立报》1912年6月26日）。托近代交通工具的福，旅游者不必要像徐霞客那样跋山涉水、借住荒庙，而且乘火车沿途还能"飞霆掣电自成欢，翠掠车窗饱看山"（吕碧城《苏宁旅行诗答韦斋

孙中山视察京张铁路

再叠前韵六首》），对沿途的风土民情有个大概的印象。今天很多人乘飞机旅游，连这一点乐趣都没有了。倒是自驾车既能享受古人的行无定止的乐趣，又能享受现代文明的便捷，可谓最佳的旅游方式了。

七、交通近代化与公共秩序

导入：

　　其间竟能容纳数多时代的器物：也有骆驼桥，也有在上贴"借光二哥"的一轮车，也有骡车、马车、人力车、自转车、汽车等，把念(廿)世纪的东西，同十五世纪以前的汇在一起。轮蹄轧轧，汽笛呜呜，车声马声，人力车夫互相唾骂声，纷纭错综，复杂万状。稍不加意，即遭冲轧，一般走路的人，精神很觉不安。推一轮车的讨厌人力车、马车、汽车，拉人力车的讨厌马车、汽车，赶马车的又讨厌汽车；反说回来，也是一样。新的嫌旧的妨阻，旧的嫌新的危险。

——李大钊《新的！旧的！》

　　古代形容一个城镇的繁荣，往往用"车毂击，人肩摩"、"襟连袂接，络绎不绝"或"四方辐辏，百货毕集"来形容，尚不知道古人是如何理顺交通秩序、解决交通拥堵问题的。历代有关交通管理的法律条文只有寥寥几条，而且界定模糊不清。如《唐律》有"诸于城内街巷及人众中，无故走车马者，笞五十，以故杀伤人者，减斗杀伤一

等。若有公私要速而走者,不坐"(《唐律疏议》,台湾商务印书馆,1969,30页)。《宋刑统》有"诸犯夜(闭门鼓后,开门鼓前,行者皆为犯夜)者,笞二十,有故者不坐"(窦仪《宋刑统》,中华书局,1984,418页)。《明律》规定:"凡侵占街巷道路,而起盖房屋,及为园圃者,杖六十。各令复旧。其穿墙而出污秽之物于街巷者,笞四十。出水者,勿论。""京城内外街道,若有作践,掘成坑坎,淤塞沟渠,盖房侵占,或傍城使车,撒放牲口,损坏城脚……俱问罪枷号一个月发落"(黄彰健《明代律例汇编》,台北中央研究院历史语言研究所,1979,1024、1025页)。一般情况下,城门昼启夜闭,甚至街巷的两头还要安上栅栏,夜晚关闭,"以备宵小"。

到了近代,随着列强在中国建立租界(或类似租界),把西方那一套比较先进的市政管理模式(包括交通规章)搬到中国。一方面,这些先进的市政管理促进了中国的乡村城市化、城市近代化进程;另一方面,在实行这些由殖民当局制定的、源自西方城市、适应新的交通工具和城市扩张需要的新规章、新秩序的过程中,充满着城乡冲突、公私冲突、新旧冲突、强弱冲突和华洋冲突,这几类冲突又往往交织在一起,呈现出错综复杂的局面,构成了近代中国复杂的城市景象。

(一) 乡与城

中国传统社会是乡村社会,即使是城市也与乡村有着千丝万缕的关系,正如许多学者所说的,"中国的城市在政治、文化、经济等方面与周边的乡村是合而为一的。……处于不同的地理区域,行政管理、商业经营水平完全不同的城市和乡村,呈现出一片和谐相

修筑公路是市政建设的首要工程

融的景象。尤其在社会、文化方面,城乡之间并没有明显的差异和
鲜明的对照"(卢汉超《霓虹灯外——20世纪初日常生活中的上
海》,上海古籍出版社,2004,3页)。近代以来,随着城市近代化进程
的加快,传统的城乡一体模式开始出现了"断裂"和分离。仅就交通
状况而言,乡村依然保持着自由自在的状态,而城市的情况则发生
了重大变化:人口激增、城市范围扩大;新的交通工具层出不穷,除
原来的轿子、马车、手推车之外,又增加了东洋车、西洋马车、电车、
汽车、摩托车、自行车等;道路也从过去的寥寥几条变得七横八纵。
由于作为中国现(近)代城市发端的租界多是建立在旧城之外的乡
村地带,突然间从田野中矗立起的一片片洋房、修筑起的一条条马
路, 一下子打破了农民无拘无束的日常生活习惯——开始时他们
可能一如从前地随意穿过马路, 或挑着粪担慢腾腾地行走在马路

初通时的天津有轨电车线路

越界修筑的上海静安寺路

中央,或任由散养的家畜在马路上窜来窜去,或在夜里驾车通过马路而不点灯。这样,很容易给交通安全带来隐患。为此,市政管理当局首先要做的就是对各种源自乡村的习惯进行规范。

其一,禁止家畜上街、上车。上海公共租界设立初期,工部局董事会的议项里就有"把当地人饲养的猪也迁到租界以外"的建议(上海档案馆编《工部局董事会会议录》第5卷,上海古籍出版社,2001,651页),并多次提到集中巡捕抓捕在街

道上随意穿行的狗,可见那时这种现象还是比较严重的。清末出版的《上海指南》也有"携有猎狗或鸟笼者,均不得带入客车,应在上车之站缴费另装"之类的条文(《上海指南》第4卷"交通",商务印书馆,1911)。青岛德占当局制定的章程中有"不准在傲古斯威克图亚海崖街迤南会前海岸上或骑马或乘车或牵骡马驴狗等行走,或放其牲口自便行走"等规定(《订立行路章程》,谋乐辑《青岛全书》,青岛印书局,1912,40页)。铁路部门也限制"旅客所畜之犬,或其他动

工部局局徽(国家博物馆藏)

物"带入车内(北宁铁路管理局编印《北平旅游便览》,1934,64页)。

其二,夜间行驶必须点灯。从常理上说,古人上街也需要照明,但若驾驶骡马牵引的大车,则未必点灯,因为这类牲口夜行不需要照明也能辨清道路。在现(近)代城市,由于各种车辆混杂,夜里不燃灯很容易造成安全隐患。为此,上海公共租界强行规定各种车辆"在日落后1小时至日出前1小时,必须悬挂边灯"(《工部局董事会会议录》第5卷,554页)。车夫夜晚必须备有灯笼(任烈《上海的非机动客运交通》,上海市政协文史资料委员会编《上海文史资料存稿汇编·市政交通》,上海古籍出版社,2003,247页)。天津法租界1886年制定的章程规定,界内住户及所有店铺、客栈等都必须在晚11时(后改为午夜12时)以前"收挂门灯,并上排门";12时以后外出者要手提灯笼,不得暗中摸索行走,违犯者要受到惩罚。意租界也有类似的规定(尚克强、刘海岩主编《天津租界社会研究》,天津人民出

版社,1996,145页)。"都统衙门"统治时期,还规定"城厢内外各项华人夜间行走……每夜10点钟至黎明5点钟,均须执持灯笼,如敢违抗,定即拿办"(《天津都统衙门告谕汇编》,天津社会科学院历史研究所编《天津历史资料》第15期,58页)。清末北京城市管理法规中也有"车辆夜行不燃灯处罚章程"(田涛、郭成伟整理《清末北京城市管理法规》,北京燕山出版社,1996,53页)。

其三,不许制造噪音。在乡村社会,遇喜庆燃放鞭炮、或做工时齐呼劳动号子、或沿途高声叫卖、大声吆喝牲口,习以为常。这种现象在地广人稀的乡村不算一回事,若发生在人多嘈杂的城市,则可能增添更多的噪音。因此,租界当局对各种噪音做出种种限制,禁止小贩在夜晚11点到翌晨6点沿街高声叫卖(《工部局董事会会议录》第7卷,509页);"禁止苦力在夯筑地基的劳作中哦唱打夯号子"(《工部局董事会会议录》第14卷,495页);"指控人力车为了拉生意

青岛栈桥(明信片)

而发生的吵闹声……决定通知一些主要的人力车业主，要求停止这种做法，同时指示总办对此事采取一些必要的措施"(《工部局董事会会议录》第16卷,553页);"尽一切努力告诉那些推手推车的人,要采取办法来制止手推车所造成的噪音,并且只有在所有的措施均不能生效的情况下,才不得不禁止使用发出吱吱嘎嘎声音的手推车,并加以扣留和没收"(《工部局董事会会议录》第2卷,739页)。葛元煦《沪游杂记》所列的"租界例禁"中,有几项也涉及限制噪音,如"禁小车轮响"、"禁肩舆挑抬沿路叫喝"、"禁施放花爆"、"禁卖夜食者在洋行门首击梆高叫"等(葛元煦《沪游杂记》,上海书店出版社,2006,9页)。天津各租界均规定在界内禁止鸣放鞭炮、焰火;不准在住宅内喧哗(天津法、意等租界还规定,未经许可不准在住宅内演奏音乐,包括丧庆典礼的音乐);严禁在公共场所吵闹喧哗、肆意骚扰、酗酒滋事、争吵斗殴、殴打牲畜等(尚克强、刘海岩主编《天津租界社会研究》,145页)。青岛德占当局甚至规定"青岛大包岛两处不准用有响小车运货"(谋乐辑《青岛全书》,41页)。

(二)"私"与"公"

在传统城市里,市民特别是商户随便占用公共场所(包括街道)为自己所用,可能是习以为常的(尽管有法律约束,但除了"天子脚下"的都城,一般城市恐怕很难实行),从而妨碍了公共交通和公共卫生。有人描述上海老城厢街道狭窄、混乱的情况:"上海的街道大多数非常狭窄。例如,三牌楼路是城市知名的主干道,但仅仅看一下街两边的居民把竹竿搭在街两侧的屋檐上,我们就可以想象街道是多么狭窄。这条街一个固定不变的特点是:各种各样的东

早期上海南京路(明信片)

西,从女人的内裤、婴儿的尿布到裹脚布,都挂在竹竿上,在街道上空飘扬。更糟糕的是,一些懒婆娘没先拧干就把湿漉漉的衣服挂上去,所以水就像下雨一样滴在街上。经常是,路人'有幸'被这'鲜奶油'打湿后破口大骂,主人回骂,于是,一场无休止的吵架开始了。这时如果响起打锣声,意味着地方官要打此经过,衙门的差役会跑到前头清道,吆喝道:'拿走洗的衣服!'急匆匆的就像开火打仗一般。接着,人们跑过去把竹竿收回家,慌忙捡起掉在地上的衣服。动作若是不麻利就会当众受到斥责,这样,一场闹剧才宣告结束。"(刘亚农《上海民俗闲话》,台北中国民俗学会,67页,引自卢汉超《霓虹灯外——20世纪初日常生活中的上海》,278页)外国人形容像"迷宫"一样的广州城的小巷"两旁的房屋和商店毗连着伸向各个方向。……大路很窄,人们似乎要花好几个小时才能走完这个庞大建筑物的全部。在这里,各种物品一件接一件地摆放着售卖,也许还能看见这些物品的制作过程"(克尔《广州指南》,引自钱曾瑗《重绘广州》,《城市史研究》第22辑,天津社会科学院出版社,2004,182页)。

像上述的描写有很多。这种现象,追其本源,就是一个"私"字。将衣物晾晒到街道或将出卖品摆放在人行道上,其实是住户或商户将自己的生活空间或商业空间从自己的家(店)延伸到公共地域上,从而在寸土寸金的城市里扩大了自己的利益。随着城市近代化进程的加快,这类"私"的现象逐渐被消灭或受到限制。上海公共租界工部局董事会早年的《会议录》多次记录这样的情节:"商店住户因安装了一个木架伸出在公共通道上而遭控告。指令立即把这个凸出的木架拆去并予以警告。"(《工部局董事会会议录》第1卷,641页)"现议决如果那些在房屋或障碍物危及或影响了沿街通道,应通知房屋或建筑物的主人以他们认为合适的方式拆除或改建这些凸出部位或障碍物"(《工部局董事会会议录》第2卷,492页)。天津法租界在19世纪80年代曾作出规定,不准商贩在界内道路随地摆摊,停留叫卖,违者罚款200文。到了20世纪,道路摊贩在各租界大都被禁止,而只允许小贩挑担走街串巷叫卖,如在街道设摊,必须得到巡捕的同意(尚克强、刘海岩主编《天津租界社会研究》,147页)。袁世凯治下的天津旧城,也"改造杂乱的河岸地段,向使用河岸地段的商户征收出租费";"把卖蔬菜、鱼、鸟及其他食品类的商户集中到指定的几个市场出售,其他物品,也都迁到对交通没有妨碍的地方。改变过去存有的对公共道路几乎像个人私有物那样,可任意占用的观念,使人们逐渐产生了公共意识"(日本中国驻屯军司令部《二十世纪初的天津概况》,天津市地方志编修委员会编,

1986,24页)。清末《四川通省警察章程》也规定街上的居民不得把私人物品堆放在街道两旁，必须拆掉所有的附加在住宅外的棚子以及其他阻碍交通的建筑物;小贩不得在十字路口摆摊设点,沿街的货摊不得超过建筑物的屋檐(王笛《街头文化》,中国人民大学出版社,2006,197页)。

"私"的另一种表现就是"私路"、街栅、"私桥"现象的存在。后来,这类现象也基本消失。据《上海租界略史》载,"考路政之进化,大约最初由租地人自筑私路,然后交工部局管理;其次,洋商收买土地,由工部局代为筑路;最后乃由工部局自购土地,自辟道路";"最初在租界内各路口均建有木质栅门,以备宵小,夜间闭栅,以更夫守之,直至清同治五年,南京路上栅门,始行撤去"(岑德彰《上海租界略史》,文海出版社,1971年影印本,98页)。苏州河上的"外摆渡桥"最早是英国人威尔斯私人在苏州河上建造的,需收"过桥费","行人往者每输钱四文,来者亦然,车舆倍之"(葛元煦《沪游杂记》,7页)。后因遭到大众的反对,工部局在"外摆渡桥"附近另建一桥,取消了"过桥费"。

(三) 旧与新

在现(近)代城市生活中,有一些全新的东西,是古代社会所没有的。比如各行其道、停车入位、单行线、靠左(右)行驶、红灯停绿灯行、先下后上、一票一位、精确的时间观念、不许吸烟、不许随地吐痰等等。

各行其道、靠左(右)行驶、红灯停绿灯行、停车入位、单行线等新鲜事物,是城市化达到一定阶段的产物。在传统的城市中,一般也没必要做此类规定。那时候的交通规则主要依等级而定,上自帝后,下至文武百官,乘坐的车型式样、规格大小和车饰配件的物料、质量、颜色、制作方法等,各有等差,不可越雷池一步。而现代城市的新的秩序则主要根据交通类型而定,机动车、非机动车和行人各行其道,并且要靠左(或右)行走(驶)。上海公共租界早年随英制,规定"过往车轿必须靠马路左侧通行;独轮车必须在马路左侧紧靠人行道通行,不准乱窜"(《工部局董事会会议录》第5卷,554页)。1946年元旦,统一改为靠右行驶(上海图书馆编《老上海风情录·交通揽胜篇》,上海文化出版社,1998,85页)。在流量比较大的交叉路口,则设立红绿灯,并告诫人们"欲保安全维秩序,认明红绿两边灯"(顾柄权《上海洋场竹枝词》,289页)。在人力车比较集中的地方,人力车必须"排成一列",在指定的位置等候,依次接客(《工部局董事会会议录》第12卷,486页)。汽车增多了以后,则要"选定某些位置供汽车或其他车辆停放"(《工部局董事会会议录》第20卷,668页)。八个租界并存的天津,则统一规定车辆靠左行驶(尚克强、刘海岩主编《天津租界社会研究》,148页)。天津旧城也参照租界的规则,"各街往来车马相遇,车夫等俱应向左边躲避,免有相碰之虞"(《天津都统衙门告谕汇编》,《天津历史资料》第15期,54页)。

先下后上、一票一位、精确的时间观念是乘坐"公共乘物"所必须遵循的规则。"公共乘物"是一个现代(或者说是近代)的概念。在这之前,欧洲曾经通行"公共马车",能载客一二十人。早年到过欧洲的中国人还见过这种"公共马车",称之为"通城海车"(张德彝《航海述奇》,岳麓书社,1985,506页)。虽不是机动的,但与近代意义上的"公共乘物"相似,按位计价、按里程计价、定时发车,但可能还没有"先下后上"的规则,而是"登车必先女后男。女坐正面,男坐

对面,若三女,则未嫁者先登,坐于对面;已嫁者后登,坐于正面。至则后登者先降。主客同车,至则客先降"(张德彝《随使英俄记》,岳麓书社,1986,400页)。中国古代似乎没有类似的"公共乘物",要么靠两腿走路,要么使用"专车"、"专马",即使搭乘大船,也要"包了舱口"(《杜十娘怒沉百宝箱》),保持私密(可能个别情况例外,如在渡船上)。

清末以降,轮船、火车、电车、公共汽车相继出现,数十位乃至成百上千的乘客集中在一个公共空间内,是一个前所未有的新鲜事物,也带来了前所未有的交通秩序问题。

首先必须解决的是时间问题。轮船、火车何时发车,时间都是定死的,"钟声一及时,顷刻不少留"(黄遵宪《人境庐诗草》),对传统的自由散漫的生活习惯是个巨大的冲击,迫使人们适应这个新变化(参见丁贤勇《新式交通与生活中的时间:以近代江南为例》,《史林》2005年第4期)。火车的"旅客须知"明确规定:"按时刻表行走,万难稍等,如有旅客中途停留,不能赶及,皆系自误,务望注意,以免烦言。""车已行动,虽未离月台,亦不得冒险跃登"(《上海指南》第4卷"交通")。

其次,是一票一位的问题。乘坐轮船、火车,买票上车(船),一般都有固定座(铺)位,这也是新鲜事物。因此,客运部门还得把"车行时旅客不可在车内任意往来乱坐,致占他人地位"载入明文(同上)。

第三,是需要乘客遵守公共道德。"公共乘物"是个流动的公共场所,需要乘客自觉遵守公共道德,保持安静、卫生,否则,就会妨碍他人、传播疾病。近代中国,在"公共乘物"上吵闹、吸食鸦片和随地吐痰的情况比较突出。据包天笑回忆,他乘坐从苏州开往上海的轮船,"船一开了,许多怪现状都显形了,首先是鸦片烟盘,一只只都出现了,鬼火磷星,东起西灭,而且船上也有鸦片可买。其次,便是赌局,非但可以叉麻雀,牌九、摇摊也行"(包天笑《钏影楼回忆录》,261页)。有一位美国船主告诉蒋介石,有一次一位中国公使乘坐他的轮船,不仅在船上不停地打喷嚏,而且还在贵重的地毯上吐痰。当船主用丝巾擦痰的时候,那位公使还是一副不经意的样子(蒋介石《救国之道在以教育发扬四维八德》,《民国二十四年全国新生活运动》,1935,38页)。公使尚且如此,一般的旅客可想而知。为了规范公共道德,一般车船都有"不得吃鸦片烟"(《上海指南》第4卷"交通")、"不许脱衣赤膊、梳发整容、随地吐痰、大声吵闹";"船上摆设不准乱移及各宜清洁,不许污秽";"船上夜间安睡之时,不许高声谈笑,令同船者不能安睡"(汪熙、陈绛编《轮船招商局》,上海人民出版社,2002,624—625页)等规定。但实际上,这几项恶习长期难以禁止,尤其是随地吐痰问题,更是一项影响交通公共卫生的顽症。

(四) 弱与强

传统的交通工具比较简单,古代的法律里有禁止在城里"无故走车马"的条文。实际上,由于街道狭窄,条件也不允许。近代以来,除了传统的交通工具外,新的交通工具层出不穷,特别是机动车的使用,带来了比过去复杂得多的问题。各类交通工具混杂的结果,引发了"弱"与"强"之间的矛盾;相对于行人来说,车马是强者;相对于弱势交通工具(人力车、手推车等)来说,马车、汽车、电车等是强者。"弱"与"强"之间发生矛盾难以避免。

新式交通工具发生事故是人们热衷的话题,这是《点石斋画报》描绘的轮船失火图。

在电、汽车出现前,马车在街道上狂奔是城市近代化早期的一个突出现象,以上海公共租界为甚。那些有钱人或装作有钱的人,为了讲排场、摆阔气,经常乘坐马车在街道上狂奔,或在夜深人静的晚上喧嚣扰民,竟然成为公害。从《工部局董事会会议录》上看,早期董事会讨论最多的问题之一就是如何禁止马车狂奔的问题。1872年,租界当局颁布的"马路管理条例"开始以法规的形式规定"车辆在驶向或驶近行人时,车夫应勒马转为慢步;为了一切行人安全,指示巡捕制止在租界内超速骑马或驾车"(《工部局董事会会议录》第5卷,554页)。但马车超速驾驶、招摇过市的现象一直到19世纪末仍存在。1896年出版的《申报》提到这样的现象:"西人之尚马车,原为办事迅速起见,非徒为游观计也。若华人之坐马车,大率无事之人居多,故马车若专为游观而发。"(《申报》1896年7月16日)

20世纪后,随着电车和汽车较多地出现,"往来如织密如麻,满眼汽车与电车。谁说中华生命重,噬人虎口日增加"(顾柄权《上海洋场竹枝词》,264页),交通混乱的情况变得更加严重。1908年,上海的电车刚开通不久，就连续发生了一系列伤人事故；3月15日这一天，连续发生两起撞伤行人事故；3月16日，宁波乘客李友林突然从行驶中的电车跳下，被迎面开来的另一辆电车撞死；3月28日，《申报》又报道电车撞伤了海门人王永仙。事故的直接原因都是人们不适应新的交通情况而发生的。尽管此时大众心理对新交通工具抱着畏惧、对死伤者抱着同情的态度，但不再像过去那样将(淞沪铁路)铁轨一拆了事，而是逐渐接受了这种新的交通工具。3月16日，撞死李友林的电车司机被拘入捕房，经查实确系死者自己的责任，随即就被无罪开释。上海早期的电车不设车门，乘客甚至可以在电车行进的过程中"飞车而上，飞车而下"(曹聚仁《上海春秋》，上海人民出版社，1996，168页)，直到1922年才统一安上自动门，"以便在车开动时门锁起来，这样就可以避免乘客在车子开动时上下车"(《工部局董事会会议录》第22卷，601页)。北京电车在高峰时段也常有人攀附在车尾或侧立于车门处，人称"挂票"(北京市档案馆、中国人民大学档案系文献编纂学教研室编《北京电车公司档案史料》，北京燕山出版社，1988，24页)。电车公司为了尽可能地多揽客和节省成本，对乘客如此不负

"毙于车下"时事新闻画

传入中国的第一批(共两辆)汽车中的一辆

责任,堪称中国公交史上的一怪。

  电车"快稳价廉,大众可乘",是城市中最省钱的现代交通工具,吸引了大批收入不高的乘客。近代中国电车的拥挤现象一点都不亚于现在的公共电(汽)车。北京有首打油诗这样写道:"站头等车二三时,两眼望穿脖梗直,为省金钱六七角,如似婴儿盼奶吃。"(《北京电车公司档案史料》,21页)老舍《四世同堂》描写北京上学的孩子"由人们的腿中拼命往电车上挤。他们不像是上车,而像两个木橛硬往车里钉。无论车上与车下有多少人,他们必须挤上去"(百花文艺出版社,1985,542页)。张爱玲《桂花蒸 阿小悲秋》里描写女佣阿小在上海的三等电车上,"被挤得站立不牢,脸贴着一高个子人的蓝布衣衫,那深蓝布以为肮脏到极点,有一种奇异的柔软,简直没有布的劲道,从那蓝布的深处一篷一篷慢慢发出它内在的热气"(《张爱玲全集》第4卷,海南出版社,1995,174页),为我们提供了一个历史场景。电车与人力车争夺客源的矛盾一直是近代中国城市的突出现象。从交通工具本身来说,电车是强者,人力车是弱者。但有时"强"与"弱"之间也可能发生转换。作为"强者"的电车在与汪洋大海一样的人力车的争斗中,未必处于优势,常常受到弱者有组织的攻击,受损失的往往都是电车公司。交通近代化过程中的复杂和艰辛,由此可见一斑。

汽车是各种近代交通工具中口碑最不好的交通工具,被人称为"市虎"。"汽车来往疾如风,苦煞行人在路中"(顾柄权《上海洋场竹枝词》,289页)。早年拥有汽车者均为有钱有势者,处于强势的地位,汽车代替了西洋马车成为那些纨绔子弟摆威风的工具,在人车混杂的街道上,要么"急速开车和叫喊"(《工部局董事会会议录》第15卷,555页),要么将"前嵌之两巨灯,光力至猛,射入眼欲晕",超速驾驶、无照驾驶的情况很普遍。尽管管理当局制订了限速措施,但拥有汽车者宁可"一日数罚"也要开快车、出风头(陈伯熙编著《上海轶事大观》,上海书店出版社,2000,297页)。一旦造成事故,则赔钱了事。民国初年黑幕小说《新歇浦潮》里描写的那位魑魅魍魉式的人物张大小姐,就公然说:"乡下人的性命是不稀罕的,就是死了也赔不到多少洋钱。……情愿轧死十个乡下人,不情愿轧死一条外国狗。"(海上说梦人《新歇浦潮》,上海古籍出版社,1991,742页)如此漠视生命,现在的人听起来毛骨悚然。有人称《新歇浦潮》"直如董狐笔、太史简,非可视为无稽之谈"(严独鹤《新歇浦潮·序》),张大小姐的所思所为,还是能反映一定的历史真实的。

火车价廉快捷,无疑是最省钱、最安全的长途交通工具,是绝大多数旅客最佳的选择——在近代,中国的公路极不发达,乘飞机只是极少数人的奢侈享受。这样,铁路部门是具有垄断性质的"铁

老大"，没有其他交通工具可以与之竞争，自然就成为拥有优越地
位的强者。垄断容易带来腐败、管理混乱和服务意识的薄弱。清末
从事铁路管理工作的曾鲲化在他的著作《中国铁路现势通论》中，
就列举了当时铁路服务"蔑视义务"、"侵夺权利"等弊端（《中国铁
路现势通论·运输》，12—15页）。这些弊端长期存在。20世纪二三十
年代，中国旅行社的创办人陈光甫在日记里多次记载了火车乘客
在寒冬时节挨冻的情景。如1931年1月12日载：

> 是日在平汉车上，车中暖气管冰冻，气不能通，车行寒风
> 中，重裘不暖，缯纩无温。旁室有客，大发牢骚，云花钱买苦受，
> 但既已遭遇此种境况，发牢骚惟自动气而已，既不能有改进此
> 种环境之力，亦惟有忍受之一法耳，动气殊无谓也。是晚宿车
> 上，颇寒。天明车过一站，见有一无盖之车，满载旅客，人皆直
> 立车中，想已终宵露立，其苦当较余等为尤甚。余等之车，尚有
> 门窗顶格，严风不能侵入，若彼等所乘，则寒风直刮，一无阻
> 隔，直立终夜，即幸不冻毙，亦必手足僵直。蜀道难行，昔人所
> 叹，今则当有铁路难行之嗟，不谓便利交通之利器，竟成为苦
> 民之地狱，此恐为提倡铁路者所梦想不到者矣。（上海档案馆
> 编《陈光甫日记》，上海书店出版社，2002，135页）

不负责任、因循守旧、官僚主义、脏乱差和冷面孔成为铁路部门的
历史痼疾，这种状况持续了很长时间。

（五）华与洋

近代以来，列强在中国设立租界，直接把在西方已经实施的那

一套管理模式(包括交通规则)搬了进来。租界当局在制订规则的时候，虽然表面上对中外人等一视同仁，但正如人们所熟悉的那样，租界是"国中之国"，租界的市政管理是被外国人操纵的(如制订规则的上海公共租界董事会在很长时间内只有外国人而没有中国人)。这些外国人以"主人"的身份自居，坚持"外人第一"的原则，在实行某种规章制度时，往往或明或暗地庇护、偏袒外国侨民，歧视华人，做出许多"损华利洋"的事情，在"平等"的表象下掩盖着不平等。更有甚者，租界(或者类似租界)当局还制订了许多赤裸裸的、明显带有民族歧视的规章。在1928年以前，上海外滩的公共花园不准华人入内已经是尽人皆知的历史事实。其实，在其他的公共场所，华人受歧视的情况也不鲜见。笔者随意摘录以下几条史实，可以为证：

(1)上海："如果华人马车从后面赶超洋人马车，即以违章处理。"(《上海指南》第4卷"交通")

(2)上海："苏州河边上的一些(西方)房客来信指控在他们住房前面的汽艇排放出来的烟尘，整天从他们窗户钻进房内……(工部局董事会)决定要求公审谳员，让这些汽艇开到河南路上游去。因为那里没有西人住房。"(《工部局董事会会议录》第9卷,656页)

(3)上海："会议对准许所有有相当身份并穿着体面的华人坐前滩这些(公共)座椅的规定交换了意见，有人提议应将他们限制在海关堆栈的一边，或者应该为西人和华人准备间隔的座椅，漆上不同的颜色。"(《工部局董事会会议录》第11卷,551页)

(4)青岛:"无事闲人等不准在铁路两翼已占地内游玩,倘有犯者,(欧洲人)即罚洋五元,若系华人亦可责打二十五板。"(《订立禁止闲人行走铁路章程》,《青岛全书》,30页)

(5)青岛:"出于健康的原因,必须把欧洲居民与中国居民尽可能地分隔开来。……尤其可以避免中国居民用过的脏水流经欧洲人居住的地方,这些脏水往往有极大的危害。"(余凯思《在"模范殖民地"胶州湾的统治与抵抗》,山东大学出版社,2005,275页)

(6)汉口:"华人擅入江边草坪者,拘罚。"(李绍依《汉口英租界见闻》,上海市政协文史资料委员会等编《列强在中国的租界》,中国文史出版社,1992,214页)

(7)汉口:"鸿沟界限任安排,划出华洋两便街。莫向雷池轻越步,须防巡捕捉官差。"(罗四峰《汉口竹枝词》,雷梦水等

汉口码头(明信片)

编《中华竹枝词》,北京古籍出版社,1997,2657页)

(8)汉口:"凡是用进口材料装配的车辆,检验就容易过关,凡是用国产材料装配的车辆,检验就多方挑剔。"(李绍依《汉口英租界见闻》,《列强在中国的租界》,219页)

在"执法"过程中,洋人欺负华人的事件更是层出不穷。胶济铁路曾经发生德国人把乘坐头等车的华人黄中慧拖出来的事件(包天笑《钏影楼回忆录》,361页)。天津比商电车电灯公司的电车发生压死压伤华人的交通事故后,公司竟然雇佣地痞流氓强迫受害家属接受电车公司的有限赔偿,电车稽查员枪杀中国公勤人员后竟然逍遥法外(肖祝文《比商电车电灯公司在天津的掠夺》,政协天津市委员会文史资料研究委员会编《天津文史资料选辑》第27卷,天津人民出版社,1984,214页)。最典型、最让国人触目惊心的是滇越

穿过崇山峻岭的滇越铁路

铁路法国查票员残害无票中国女童的事件:

本月五日由省(城)开往阿迷之车,行至可保村,有一年约七八岁之中国幼女,登四等车内,因未买有车票,被查票法人用两手将幼女举高抛下,反复数次,复将该幼女抱至车口,由车上抛下车去,而该幼女畏甚,复又绕往后面上入第二辆车内,双手紧抱车口铁柱,而该查票法人复用力将女孩双手拨开,又将该女举高用力往下抛去数次。……旋该幼女因看蹂躏过甚,向后面惊跑,而该查票法人,仍向彼追捕,当时适逢火车行入阒峒,此阒峒既长而又黑暗,而各乘客不能目睹情形,只闻该女大声叫救命,其声甚惨,且声音十分紧急,如临死然。移时叫声顿止,而火车亦出阒峒,只见该查票法人喘气,并不见有该幼女。当经查车队长及众乘客向该查票法人询问,适闻汝所追捕之幼女现在何处,而该查票法人言语支吾,彼经众人索问甚紧,但谓该幼女现在躲藏,后经查车队官兵并众乘客会同该法人,在车内详细搜寻,将各等车中之坐位掀起,各侧房内暨车顶上车脚下,以及火车头内均已寻过,毫无踪迹。后车到宜良,由查车队长拍电命令可保村路警局,派人前往该阒峒内查寻,亦无下落。据众人推测,该幼女必被查票法人万阿德推跌下车,被车轮拖带,旋转碾成粉碎浆汁,经火车行走以后,一路摩擦,一路掉落,以致无影无踪。该法人之行为,其恶毒实世界俱无矣。("路政纪闻",《津浦铁路月刊》第1卷第1期,1930,21页)

上车买票虽然是人人必须遵守的规则,逃票可以采取罚款或其他办法。但这个法国查票员的残暴已经远远超出了一般的规则问题,而是视华人的生命如草芥,令人发指。

（六） 馀 论

中国交通的近代化经历了一个漫长、复杂的过程。在这个漫长的过程中,中国城市的道路和管理显得杂而乱,李大钊的一段话足以概括这种杂乱状况:"其间竟能容纳数多时代的器物:也有骆驼桥,也在上面贴'借光二哥'的一轮车,也有骡车、马车、人力车、自转车、汽车等,把念(廿)世纪的东西,同十五世纪以前的汇在一起。轮蹄轧轧,汽笛呜呜,车声马声,人力车夫互相唾骂声,纷纭错综,复杂万状。稍不加意,即遭冲轧,一般走路的人,精神很觉不安。推一轮车的讨厌人力车、马车、汽车,拉人力车的讨厌马车、汽车,赶马车的又讨厌汽车;反说回来,也是一样。新的嫌旧的妨阻,旧的嫌新的危险。"(李大钊《新的!旧的!》,《新青年》第4卷第5号,448页)这一现象正是中国近代社会的一个缩影。

后　记

　　这篇在"家庭作坊"里"生产"出来的文章终于在《文史知识》连载完毕,如今又承蒙《文史知识》的"当家人"胡友鸣先生不弃,准备把拙稿收入"文史知识文库"中,诚惶诚恐。

　　本书的插图主要由传世老照片、文物照片、历史遗存照片和清末民初出版物上的图画组成。其中的历史遗存照片,大部分都是笔者在自驾游的过程中实地拍摄的。多年以来,在节假日开车出游、顺便收集图片资料,成了全家最大的生活乐趣。感谢国家图书馆,除了自己买的书外,这本小册子的大部分文字资料都是从该馆"摘"来的。总馆的基藏阅览室、特藏子库、保存本阅览室、缩微文献阅览室和分馆(北京图书馆旧址)的普通古籍阅览室、国情资料室(收藏政协文史资料)、地方志家谱阅览室的工作人员提供了不少借阅的方便。在写作和连载期间,得到胡友鸣先生的多次点拨,受益匪浅。赵爽的研究生导师夏晓虹老师多年前写的序使这本小册子蓬壁生辉,她的几部与本专题有关的著作对笔者的启发很大,又幸运地时不时聆听教诲,在此向她表示深深的谢意。但文中若有错误,完全由作者自己负责。

作　者
2009年4月

图书在版编目(CIP)数据

西风东渐:衣食住行的近代变迁/苏生文,赵爽著.
－北京:中华书局,2010.8
ISBN 978－7－101－07162－7

Ⅰ.西… Ⅱ.①苏…②赵… Ⅲ.西方文化－影
响－社会生活－研究－中国－近代 Ⅳ.D693.9

中国版本图书馆 CIP 数据核字(2009)第 242292 号

书　　名	西风东渐——衣食住行的现代变迁
著　　者	苏生文　赵　爽
丛 书 名	文史知识文库
责任编辑	胡友鸣　杨春玲
出版发行	中华书局
	(北京市丰台区太平桥西里38号　100073)
	http://www.zhbc.com.cn
	E-mail:zhbc@zhbc.com.cn
印　　刷	北京市白帆印务有限公司
版　　次	2010 年 8 月北京第 1 版
	2010 年 8 月北京第 1 次印刷
规　　格	开本/850×1168 毫米　1/32
	印张 7　插页 2　字数 120 千字
印　　数	1－6000 册
国际书号	ISBN 978－7－101－07162－7
定　　价	18.00 元